L'ABONDANCE EN S'AMUSANT
Jouez avec votre Allié, l'argent
et installez-vous dans le flux de l'abondance

Marcelle della Faille
Les Éditions de la Loi d'Attraction
684, chemin des Garrigues – 84210 Venasque
equipe-aficea@aficea.com
www.aficea.com

Création graphique : Créa 30
Illustrations : © MinDof/Shutterstock,
© Mix and Match Studio/Shutterstock

TEXTE INTÉGRAL

Marcelle della Faille

L'ABONDANCE EN S'AMUSANT
Jouez avec votre Allié, l'argent et installez-vous dans le flux de l'abondance

Les Éditions de la Loi d'Attraction

TABLE DES MATIÈRES

« Avoir un rêve, c'est génial.
Avoir un rêve et l'affirmer tous les jours,
même lorsque rien ne semble se passer,
n'a pas de prix.

Mais, imaginez :
avoir un rêve et l'affirmer tous les jours,
jouer, vous détendre, et serrer tout le monde dans vos bras,
c'est là que les vannes de l'abondance s'ouvrent en grand. »

(Mike Dooley, *L'Univers.*)

Aujourd'hui, j'apprécie et je remercie...

Toutes les personnes qui m'ont soutenue, me soutiennent et me soutiendront dans mon parcours.

Toutes les personnes qui traversent ma vie, que je rencontre, que je croise, peu importe le temps que nous passons ensemble.

Toutes les personnes dont les paroles, les écrits ou les images résonnent en moi et m'apportent des connaissances, un sentiment ou une compréhension nouvelle.

Toutes les personnes qui m'inspirent par leur personnalité, leur gentillesse, leur amour du beau, leur bonheur simple, leurs mots vrais...

J'apprécie et je remercie particulièrement...

Marcy Koltun-Crilley, ou « Marcy from Maui », ma toute première guide, qui m'a guidée sur la voie de l'abondance et de la liberté de pensée totale, grâce à un petit article et une photo magnifique publiés dans la revue spécialisée *Network Marketing*. Elle fut à l'initiative de cette merveilleuse aventure dans laquelle je me suis engagée, il y a déjà dix-neuf ans. Elle m'a ouvert la porte de la compréhension des lois de l'Univers, que j'utilisais déjà à profusion sans m'en rendre compte. Et surtout, elle m'a rappelé que notre seul but sur cette terre est d'émettre le plus souvent possible et le plus fortement possible la vibration de la joie.

Abraham-Hicks, dont les messages expriment avec une clarté totale les moindres de mes sentiments, découvertes ou sensations. Ils ont une réponse à toutes mes questions existentielles, relationnelles, professionnelles, financières et autres. À chaque lecture, je comprends davantage le sens de ma vie sur la Terre, et tout est clair dans mon esprit. Ils m'apportent la clé pour tout ce que je veux expérimenter dans cette vie !

Oprah Winfrey, dont le parcours de petite fille, puis de jeune fille et enfin de femme noire aux États-Unis, toujours semé d'embûches, reste un modèle de focalisation, d'intention, de qualités d'abondance entretenues et développées, tout cela multiplié par l'Amour qu'elle répand sur terre depuis qu'elle a pris la décision de s'accomplir, quoi qu'il arrive, tout en étant au service des autres. Un modèle puissant à suivre.

Mary Higgins Clark, oui, la reine du polar et du suspense. Elle complète magnifiquement la liste de mes modèles et prouve, s'il en était besoin, que la diversité est porteuse. En tant qu'auteure de livres de développement personnel et de fictions, j'aime me relier à elle lors de la phase d'écriture. Cette grande auteure renommée a décidé de prendre les rênes de sa vie en main et de croire en son rêve. Pour cela, elle a osé envoyer son premier manuscrit à un éditeur, après le décès de son mari, qui la laissa veuve, avec cinq enfants. Sa jeunesse avait déjà été marquée, alors qu'elle n'avait que 10 ans, par la mort de son père et la difficulté de sa mère à les élever, ses deux frères et elle. Encore un modèle de femme déterminée à réussir et à donner le meilleur d'elle-même, au service de ses enfants et de ses lecteurs.

J'apprécie et je remercie également...

Mes parents, de m'avoir autorisée à élargir mon horizon par l'apprentissage de la langue anglaise. J'ai ainsi accédé à une littérature et à des connaissances internationales d'une sagesse universelle et j'ai trouvé ma voie, grâce aux rencontres, aux expériences et aux contacts que je me suis créés à travers le monde, entre autres sur la Toile.

Mes frères et sœurs, qui me permettent, à leur insu parfois, de gagner en confiance dans mon activité de guide, de formatrice et de coach. Nous entretenons des relations très amicales et agréables dans lesquelles la joie et le soutien réciproques priment, de sorte que je nous considère « guides » les uns des autres dans de nombreux aspects de notre vie.

Mon mari, Vincent, qui me soutient dans tout ce que j'entreprends et me rappelle souvent, par son comportement et ses remarques, que nous sommes ici avant tout pour nous amuser, profiter de la vie et vivre la *dolce vita* !

Et enfin, mes filles, Noémie, Barbara et Roxane, qui me rappellent chaque jour comment :
- utiliser la loi de l'attraction aisément et facilement ;
- être joyeuse, chaque minute, chaque seconde ;
- jouer et rire ;
- être dans l'instant présent à tout moment ;
- donner et recevoir amour et tendresse sans compter ;
- me concentrer uniquement sur les bons moments ;
- accueillir l'abondance !

Je vous aime et vous remercie de tout cœur d'être là !

AVANT-PROPOS

« La loi de l'attraction, mais qu'est-ce que c'est ? » s'interrogent peut-être plusieurs d'entre vous qui n'ont pas encore eu la chance ni le plaisir de découvrir cette loi. Comme la loi de la gravité, la loi de l'attraction est un principe immuable fondé sur l'attraction, et dès lors l'inclusion. En gros, elle dit : « Qui se ressemble s'assemble. » Ou plus précisément : « Tout ce qui est en résonance vibratoire s'attire. »

Le grand secret de la vie, c'est la loi de l'attraction. Cette loi stipule que chacune de vos pensées attire une pensée similaire. Vos pensées ont une fréquence et sont magnétiques. Toutes vos pensées (formes-pensées) sont envoyées dans l'Univers et, comme un aimant, attirent à elles toute chose ayant la même fréquence. Tout ce qui est envoyé dans l'Univers revient à sa source, c'est-à-dire à vous (tel un boomerang).

Oui, vous êtes une antenne émettrice humaine, et chacune des pensées que vous émettez a une fréquence.

Vous avez certainement déjà entendu l'adage : « Si voulez changer quelque chose dans votre vie, changez de fréquences en changeant vos pensées. » En effet, vous êtes aujourd'hui le résultat de vos pensées passées. Et vous créez votre futur selon les pensées que vous entretenez aujourd'hui. Ce à quoi vous pensez le plus souvent et avec le plus d'émotion et de concentration se manifestera dans votre vie. Vos pensées deviennent réalité.

Voyons comment se produisent la création et la manifestation de ces pensées qui deviennent notre réalité.

Voici les trois étapes du processus de création, qui est la plupart du temps inconscient et que vous voulez utiliser de manière de plus en plus consciente et délibérée pour redevenir le maître de votre création et de votre vie.

1. DEMANDER

La plupart du temps, nous utilisons cette phase pour créer ce que nous ne voulons pas. Notre mental nous fait plus souvent imaginer le pire que le meilleur.

Pour redevenir un créateur conscient et délibéré, imaginez votre désir de la façon la plus claire et la plus spécifique possible. Vous en aurez ainsi une image nette, claire et précise.

2. CROIRE

Croire en la manifestation réelle de votre demande est crucial pour la réalisation de vos désirs. Chaque fois que vous doutez, vous repoussez votre désir.

Pour redevenir un créateur conscient et délibéré, apprenez à rediriger vos pensées en pivotant de la difficulté ou du problème vers sa résolution.

3. RECEVOIR

Souvent, nous trouvons difficile d'accueillir les bienfaits et les bénédictions qui nous arrivent.

« C'est trop beau pour être vrai. »

« Qui suis-je pour mériter cela ? »

« Il/Elle doit sûrement avoir une idée derrière la tête en m'offrant ce cadeau. »

Tant de phrases inconscientes qui nous ferment les portes de l'abondance et du bien-être.

Pour redevenir un créateur conscient et délibéré, acceptez de recevoir l'abondance que vous offre l'Univers, et faites en sorte que cela devienne votre mode de fonctionnement et de vie habituel. Quand on vous fait un cadeau, dites merci, c'est tout. Ressentez le sentiment de gratitude qui vous envahit et prenez conscience de la jouissance que vous procure l'accueil de ce don.

Cela inclut l'accueil de l'argent. L'Univers est abondance. Il nous envoie tout ce que nous lui demandons. L'Univers orchestre tout selon nos demandes et notre capacité à recevoir.

Aussi, faites attention à ce que vous demandez. Ne vous limitez pas, voyez grand. En développant votre capacité à recevoir, vous amplifiez votre capacité à recevoir les largesses de l'Univers et vous en attirez de plus en plus.

Décidez qu'à partir d'aujourd'hui vous recevez tout ce qui vient vers vous, le cœur ouvert et l'âme en paix.

Et rappelez-vous toujours que ce qui est interne crée ce qui est externe !

Décider d'être heureux est le raccourci de l'utilisation efficace et porteuse de cette loi de l'attraction.

C'est la seule voie de la réussite !

En effet, grâce au plaisir que nous ressentons lorsque nous imaginons notre désir, nous le créons instantanément dans l'invisible.

Le raccourci pour la manifestation de tous nos désirs, c'est de ressentir cette joie et ce plaisir le plus souvent tout au long de notre journée.

LE POUVOIR DU JEU DANS MA VIE

La dernière fois qu'une animatrice TV sur Internet m'a demandé d'expliquer mon parcours, je me suis sentie comme tirée en arrière, tellement d'événements – agréables et moins agréables - s'étaient produits en quelques vingt années de développement personnel. Mais quelles belles pépites j'ai retirées de ce jeu de remémoration.

En effet, mon parcours est celui de 'Monsieur et Madame Tout le monde'. Mon voyage a démarré lors d'un moment de ras-le-bol face à une situation financière et professionnelle difficile, même si elle se produisait dans un environnement positif. Le point de départ fut l'acquisition de notre 'maison de rêve', par mon mari et moi-même, en réalisant les démarches traditionnelles de façon spontanée mais aussi alignée sur notre foi en l'abondance et dans le fait que l'univers pourvoit à tous nos besoins.

Même si je ne connaissais pas encore la loi de l'attraction, qui allait devenir mon domaine d'expertise quelques deux ans plus tard, et ce pendant 20 ans, j'avais déjà une prédisposition à croire que si je désirais quelque chose suffisamment fort, je pouvais l'obtenir. Cette maison, qui dépassait nos possibilités et notre budget, est entrée doucement dans notre vie.

Nous étions en location dans une jolie maison située à soixante km de la capitale. Personnellement, j'avais été employée dans deux bureaux d'avocats à Bruxelles. Traductrice professionnelle, j'avais dû d'abord accepter un poste de secrétaire junior, puis de secrétaire de direction. J'ai grimpé les échelons jusqu'à atteindre le plafond de ce qui était possible dans ce secteur : Office Manager. Je gagnais bien ma vie même si ma fonction était en-deçà du niveau de mon diplôme. Je coûtais trop cher à mes employeurs. Aussi, je n'avais pas de vraies perspectives d'avenir dans les limites des emplois que j'occupais. Mon mari, lui, était entrepreneur de jardins indépendant.

Nous étions financièrement limités. Même très bien payée, nous ne nous voyions pas acheter une maison, mais nous en rêvions. Un jour, alors que je baladais ma fille dans sa poussette tout en promenant avec mon père, nous sommes passés devant une agence immobilière. Une photo attira mon attention et une petite voix en moi a dit : "C'est notre maison." M'y sentant appelée, je suis rentrée dans l'agence, j'ai demandé un descriptif du bien et je me suis vite rendu compte que la maison correspondait totalement à celle dont nous rêvions. De fil en aiguille, nous sommes allés voir plusieurs banques, nous en avons parlé à des amis et à la famille, et tout s'est placé pour que nous puissions acquérir cette maison.

Nous avons vécu de merveilleuses années dans ce lieu où la famille s'est agrandie. Cependant, la maison est vite devenue comme une prison dorée pour nous. En effet, après avoir eu ma deuxième fille, et étant donné que j'avais osé sauté le pas de cadre salariée à traductrice professionnelle indépendante, nos rentrées ont diminué drastiquement. Nos dépenses excédaient nos revenus. Nous avions des clients fidèles, mais plutôt irréguliers dans leurs paiements, ce qui mettaient notre trésorerie à mal, lorsque nous devions payer la TVA et autres charges sociales. Nous vivions dans une tout autre sphère et avions la vie dure. Après quelques années de hauts et de bas, nous nous sommes rendu compte que nous n'allions pas pouvoir continuer à vivre ainsi. Nous vivions plus dans la panique que dans le confort, encore moins dans la sécurité financière.

Ça suffit !

Enceinte de ma troisième fille, je me suis dit : « *Ce n'est pas possible. Je ne me suis pas incarnée sur cette terre pour vivre cette vie de dur labeur, et de complications continues. Ce n'est pas possible. Je n'ai pas voulu cela. Il doit exister une solution* ».

Comme beaucoup de personnes, nous avons logiquement et raisonnablement pensé : "*Que pourrions-nous trouver comme autre travail, en plus de nos deux jobs* ?" Nous avons parcouru les petites annonces et sommes tombés sur une annonce de vente directe. Nous nous sommes dit : "*Pourquoi pas ? Allons voir.*"

Même si l'hôtel dans lequel avait lieu la réunion ne ressemblait à rien d'abondant, nous avons décidé d'écouter les informations à la découverte d'une solution. Tout d'un coup, une porte s'est ouverte dans notre esprit. Nous nous sommes retrouvés entourés de personnes qui croyaient en notre capacité de réussir et de gagner plus, entourés d'une communauté qui voulait soutenir notre désir de réussite et d'abondance. L'argent n'était plus un tabou, et la réussite non plus. Alors que nous avions plus souvent entendu des : "*Oui, mais… Vous pouvez déjà être contents. Vous avez une superbe maison, une superbe famille*" de la part de personnes qui ne comprenaient pas nos difficultés en tant qu'indépendants.

Ce soir-là, j'ai eu l'impression que les portes d'un nouveau possible s'ouvraient. Les leaders nous ont donné accès à des formations gratuites, à des livres, à des modèles incarnés de réussite qui défilaient devant nous. C'était tout nouveau. Une véritable bibliothèque d'informations porteuses, élévatrices et pleines d'espoir et de foi. Je me rappelle m'être dit : "*Ouah ! Là, je suis chez moi.* » Comme si j'avais retrouvé mon espace vibratoire. Alors que dans ma vie d'avant, j'avais toujours l'impression d'être le vilain petit canard de la famille, de la société ou du groupe - qui voit le soleil, là où les autres voient les nuages, par exemple. Ce fut une très belle expérience, qui nous a ensuite amenés à croire et à reconnaître notre capacité de diriger, de créer une équipe, d'inspirer des gens à nous suivre. Et de faire des ventes. Ce qui n'est pas évident au début, car le mot 'vente' nous crispait.

Un nouveau monde s'ouvre

C'est durant cette expérience, qui nous a fait vivre des hauts et des bas comme n'importe quelle aventure, que s'est enclenchée en moi la foi dans l'existence d'un autre monde que celui dans lequel j'avais travaillé jusque-là (le monde de l'emploi avec ses cadres, ses grilles salariales, ses clichés, et ses limitations). Tout d'un coup, je pénétrais dans une terre en friche, où nous étions encouragés à grimper vers nos sommets - qui ne sont pas nécessairement ceux de la société – les sommets de notre accomplissement personnel et financier. Ce fut fabuleux.

Lors d'une réunion de ce groupe à Bruxelles – il y en avait partout en Europe - nous avons reçu une brochure qui nous présentait les témoignages de personnes devenues millionnaires. L'une d'entre elle, une américaine, avait rédigé un article montrant des photos d'elle nageant avec les dauphins. Elle y expliquait qu'elle devait sa réussite à une seule pratique : rayonner la joie. En cherchant à vibrer la joie le plus souvent possible tout au long de ses journées, elle en était arrivée à réaliser son rêve d'aller s'installer à Hawaï, l'une des îles les plus chères de la planète. Chaque jour elle manifestait sa vision d'inspirer autrui à faire de même en voyageant, en donnant des conférences et en ne faisant QUE ce qui lui procurait de la JOIE.

Je me rappelle avoir tout de suite décroché le téléphone – je suis très spontanée, oui. J'ai vérifié le décalage horaire et je l'ai appelée pour voir si je pouvais travailler avec elle Et même si ce ne fut pas possible pour des raisons de situation géographique, elle m'a répondu : "*Inspirez-vous de mon blog. Vous pouvez réussir vous aussi.*" Sur son blog, elle partageait gratuitement ses techniques et ses pratiques, et j'ai trouvé cela fabuleux. Tous les jours, je me levais, j'allais lire son blog et je pratiquais ce qu'elle faisait : rayonner la Joie.

Peu de temps après, lors d'une autre formation, j'ai noté le titre d'un petit livre inspirant intitulé "The Science of Getting Rich" de Wallace D. Wattles. J'ai fait une recherche sur internet pour en lire quelques extraits traduits en français, mais la traduction était tellement mauvaise que je n'en comprenais pas le sens. Traductrice professionnelle, je me suis décidée à traduire le livre pour moi-même, afin de mieux en percevoir les nuances. Bien sûr, tout en traduisant, j'appliquais les principes que l'auteur proposait, et j'effectuais les exercices.

Etant donné que j'étais enceinte de ma troisième fille lors de cette traduction, celle-ci a 'réalisé' cette traduction avec moi. Elle a appliqué les principes avec moi, et a parlé et écrit l'anglais avant même d'être née.

En appliquant chaque jour les principes de ce petit livre qui m'avait coûté dix dollars seulement, j'ai commencé à voir des résultats. Je faisais les exercices en pensant à nos clients, à la vision de notre vie future idéale, à notre relation de couple qui s'était dégradée avec les difficultés financières. Je n'avais pas parlé de cette traduction à mon mari. Et nous avons commencé à expérimenter de beaux résultats. Notre relation s'est améliorée. Et m'est venue l'inspiration d'envoyer la traduction à des éditeurs. J'avais mis un an à la réviser - alors qu'en règle générale je mettais deux à trois mois pour le faire. J'avais éprouvé le besoin de d'abord pratiquer à fond la matière avant d'oser croire que ma traduction puisse servir à d'autres que moi.

Tout est parti de là. A partir du moment où Le Dauphin Blanc a accepté de publier la traduction, la roue de la chance et de la fortune s'est mise à tourner de plus en plus vite. La communauté internationale à laquelle je m'étais inscrite sur Internet pour appliquer les principes de ce livre de Wallace D. Wattles, m'a permis d'être en première ligne lors de la sortie du film The Secret en 2005, dont la productrice Rhonda Byrne parlait de The Science of Getting Rich. L'année d'après, l'éditeur publiait mon premier livre personnel Le Secret de la Loi d'Attraction, seul livre francophone existant sur ce sujet au moment de la sortie du film Le Secret. Tous les francophones de Québec et d'ailleurs se sont rués dessus pour pouvoir mieux comprendre le film. Cette vague déferlante m'a amenée là où je suis aujourd'hui.

Le Déclic

Rappelez-vous que tout a débuté pour moi par une forme de ras-le-bol – ça suffit ! - et la prise de conscience *"Je ne peux pas m'imaginer avoir décidé de m'incarner pour vivre une vie de dur labeur. Ce n'est pas possible. Il doit y avoir une autre voie."*

Voilà ce qui m'a poussé à davantage écouter mon intuition. Cela faisait plusieurs années que nous essayions de trouver une solution pour arriver à payer nos factures. Le message intérieur qui me venait continuellement, c'était : *"Vendez la maison. Vendez la maison."* Mais une autre partie disait : *"Non ! Cette maison, c'est notre retraite. C'est notre abondance financière future."* Et notre entourage nous répétait la même chose. Jusqu'au moment où étant au pied du mur, nous avons compris : *"La vente de cette maison va nous offrir notre liberté et l'accès au sentiment d'abondance dont nous avons bien besoin en ce moment. Pour mieux pouvoir repartir. »* Une fois la maison vendue, tout s'est dénoué.

Grâce à l'éditeur, j'en suis arrivée à oser écrire mon premier livre. A treize ans, je caressais déjà le rêve de vivre de l'écriture, et de bien en vivre toute ma vie.

L'enseignement et le coaching

A l'époque, je nourrissais de mes pensées, de mes pratiques et de mes idées, une page et puis un site internet – qui existe toujours https://www.loi-d-attraction.com - où je répondais également aux questions des visiteurs sur le sujet. Plus j'y répondais, plus je recevais de questions. Avec la parution de la traduction et de mon livre, les questions affluaient et je n'arrivais plus à garder le rythme.

Cela, plus notre décision de laisser aller la maison m'a inspiré l'idée d'animer des ateliers. J'en avais assez d'être seule derrière mon ordinateur. Aussi, j'ai appelé une personne qui m'avait proposé de me soutenir sur un projet éventuel. J'avais trouvé cela étonnant comme proposition ouverte. Je me suis dit : "*Je vais contacter cette personne. On verra bien ce qu'elle a en tête.*"

Nous avons animé notre premier atelier ensemble, devant six participants. Lors de l'atelier, deux participants nous ont demandé de pouvoir suivre notre formation certifiante sur la loi de l'attraction. Nous l'avons créée pour elles et la leur avons enseignée en direct. Ensuite, nous avons poursuivi notre chemin chacun de notre côté, et comme plusieurs leaders américains que je suivais offraient des formations par Skype ou dans des salles virtuelles, j'ai décidé de proposer une formation sur six mois à mes contacts. Une dizaine de Québécoises, rencontrées lors d'un atelier que j'ai animé à Québec, se sont immédiatement inscrites. Quelques années plus tard, de nombreux résidents des DOM TOM se sont réjouis de pouvoir la suivre également.

Nous nous abandonnons plus facilement à la loi de l'attraction lorsque nous vivons un tel contraste qu'une partie de nous s'énerve - "Maintenant, ça suffit !" - en tapant du poing sur la table. C'est un point de non-retour. C'est comme si nous étions prêt.e à pivoter et à opérer un grand changement. L'important, c'est de maintenir le cap de notre choix ou des directions qui se dessinent devant nous, d'y croire, et de faire le premier pas.

Le premier pas pour mon mari et moi-même, ce fut de nous rendre à la réunion proposée dans la petite annonce, de rentrer dans ce bar qui ne payait pas de mine en nous disant : "*Allons voir.*" D'avoir cet esprit de curiosité, et de découvrir le trésor qui se cache derrière l'appel de notre âme. Et puis, de suivre cet appel, tout en respectant nos valeurs.

Cet appel prend la forme d'un grand saut. Aujourd'hui, pour beaucoup de personnes, il s'agit d'entreprendre une nouvelle aventure, de se lancer en dehors de votre monde habituel, dans de nouveaux projets, de s'ouvrir à de nouvelles possibilités. Il s'agit de (re)devenir tel un explorateur, et de saisir sa machette en se disant dans un premier temps : « *Je vais supprimer ou laisser aller tout ce qui m'empêche de voir clair pour pouvoir continuer à avancer, même si je ne sais pas exactement où je vais. Je connais la destination. Je n'ai pas les étapes intermédiaires et je m'ouvre à les recevoir au fur et à mesure du parcours. »*

J'avoue que nous avons énormément grandi en croyant ceci. Au point qu'après avoir vécu de nouvelles prises de consciences qui m'ont amenée à grimper sur une spire d'expansion encore plus élevée que celle de ces dix dernières années, je me suis rendu compte que j'avais obtenu tout ce que je désirais. J'avais réussi tout ce que je voulais réussir. La dernière étape étant d'acquérir notre (nouvelle) maison de rêve et de passer le jalon du million en valeur nette.

Et maintenant, quoi ? Vers quoi est-ce que je me sens appelée ?

C'est comme si je terminais une boucle. Je me rappelle qu'une des organisatrices de l'atelier que j'avais animé à Bordeaux en 2008 m'avait demandé : "*Qu'est-ce qu'il y a après la loi de l'attraction pour toi ? Une fois que tu auras maîtrisé cette loi, qu'est-ce que tu vois pour toi ?*" Je lui avais répondu : "*J'ai l'impression qu'il n'y a pas de fin pour moi à l'utilisation et à la compréhension de cette loi et des autres lois universelles.*" Et c'est vrai. Plus j'en sais, moins j'en sais. C'est ce que tous les grands sages vous diront, et même les scientifiques, qui sont de grands sages souvent. Nous sommes tous des sages en puissance. Indéfiniment.

Ce dont je me rends compte aujourd'hui, c'est que cette boucle est bouclée pour moi. A mon sens, au bout de chacune de nos quêtes, nous refaisons la prise de conscience que le plus important c'est d'installer la paix en soi. Grâce à ces dernières années de bouleversement intérieur pour moi, qui ont débuté par plusieurs chocs, avec des clients, ou dans le monde avec les attentats de 2016, et mon propre parcours ensuite, je ressens avoir terminé ma quête. Car la seule chose qui compte pour moi aujourd'hui – au-delà des ateliers, séminaires et programmes, au-delà de l'écriture, au-delà de l'abondance et de l'argent, c'est la Paix.

Si tout le monde pouvait avoir pour seule intention et pour seul but de trouver le moyen d'installer la paix en soi-même, nous cocréerions un monde d'abondance. Nous cocréerions un monde avec bien plus de joie, de confiance et d'ouverture, et bien moins de conflits, de luttes et de rejet. Imaginez si nous savions tous comment nous écouter nous-mêmes, recevoir ce que nous demandons, recevoir l'abondance, recevoir nos désirs, recevoir le bien-être ou quoi que nous désirions, nous pourrions mieux écouter, accueillir et respecter les autres. Tel est le raccourci du bien-être dans le monde : installer la paix et l'abondance en soi pour les voir s'établir à l'extérieur.

Il est intéressant de noter qu'à la fin de chaque spire de notre spirale d'expansion[1], nous revenons à la phase de transition entre deux spires où notre âme nous fait une proposition : *Veux-tu reparcourir cette spire, ou acceptes-tu de faire un saut pour te diriger vers une autre aventure, et vivre une nouvelle expérience ?*

C'est un cap difficile à passer car nous sommes face à un choix qui nous pousse à grandir, et dès lors à changer. Telle est la question que je me suis posée ces dernières années :

Est-ce que je continue ce que je fais (conférences, séminaires, ateliers, cours en ligne, écriture) ou est-ce que je vais voir plus haut ? Aurais-je 'dépassé' tout cela ?

Ce stade 'plus élevé', pour l'humanité tout entière aujourd'hui, c'est de passer du Faire à l'Être. Plutôt que d'être toujours dans le 'Faire pour Avoir' – *Je suis dans l'action. J'ai un emploi. Je travaille pour avoir de quoi manger ou rembourser mon emprunt immobilier, ou je développe une activité pour avoir le style de vie de mes rêves* - il convient maintenant d'entrer dans l'Être.

En d'autres termes, la question à se poser c'est :

---

[1] Voir le glossaire, en fin d'ouvrage, pour un complément d'information et un approfondissement sur la notion abordée.

Tout le monde ne peut pas encore accéder à cette vision. En effet, les personnes qui vivent en mode de survie ont besoin de passer d'abord par le 'Faire pour Avoir'. Nous sommes d'accord. Même si, à mon sens, avec l'accélération des consciences, nous atteignons un seuil suffisant de personnes qui ont fait ce saut, et qui fonctionnent à partir de leur Être – ce qui explique qu'elles vivent dans l'abondance, de sorte que bientôt, le mode de survie tombera dans l'oubli. Le système basé sur le 'Faire pour Avoir', le système matérialiste, est en train de s'écrouler. Un nombre croissant de personnes veulent retrouver plus de simplicité et de vérité. Elles reviennent à l'Être, dans l'instant présent, et au désir de trouver la paix et la sérénité intérieure.

J'avoue que cette étape de transition n'est pas facile à traverser, car pour pouvoir vous installer davantage dans l'Être, vous devez lâcher le Trop Faire. Vous devez lâcher le Trop Avoir. Et lâcher peut créer des peurs et des angoisses de vous retrouver devant la vraie simplicité nue. Cela demande une grande humilité, et l'acceptation de la vulnérabilité et de la fragilité. Heureusement, mon expérience m'a fait comprendre que c'est dans cette fragilité retrouvée que réside notre plus grande force.

La Force

Lors de cette étape qui nous a fait décider de vendre notre maison de rêve il y a vingt ans, j'ai vécu un sentiment stupéfiant. Je ne me suis jamais sentie aussi forte que lorsque nous ne savions pas comment pouvoir acheter à manger pour le lendemain, ou de nouvelles chaussures pour nos enfants, et que l'univers nous apportait tout cela. Nous avons reçu une pléthore de cadeaux, de légumes, de vêtements, de nos proches, de nos clients (!) et d'amis qui ne savaient pas ce que nous vivions. Tout d'un coup, des canaux d'abondance se sont ouverts. C'est ce que témoignent les personnes qui refont le choix de la simplicité et qui sortent de la course au Faire et à l'Avoir. On parle beaucoup de solidarité dans nos sociétés, mais pour moi, il ne s'agit pas que de solidarité humaine, mais également universelle. Demander de l'aide aux autres fait partie de la phase de vulnérabilité et de fragilité dans laquelle nous acceptons d'entrer, mais il s'agit surtout de demander de l'aide à la Force de Vie et d'ouvrir nos mains et nos bras en grand pour recevoir l'abondance et parfois même, la surabondance, disponible lorsque nous acceptons enfin de lâcher les rênes et de recevoir nos commandes.

Or, beaucoup de personnes s'arrêtent en plein milieu du processus de manifestation en se plaignant : " *Je n'arrive pas à manifester ceci. Je n'arrive pas à attirer cela.*" Alors que le raccourci, c'est de se demander *Qui suis-je lorsque je veux manifester ?* Si je suis la petite partie de moi – le mental - qui se dit qu'elle n'est pas capable, j'ai moins de chance de recevoir ce que j'ai demandé, que si je me mets dans la peau de la grande personnalité ou de la grande présence divine en moi, qui sait que je peux tout avoir.

Le modèle C R É E, outil de manifestation

J'ai commencé à appliquer ce modèle en traduisant le livre "The Science of Getting Rich de Wallace D. Wattles[2]. La méthode proposée dans ce petit bijou décrit quatre étapes que j'ai adaptées et résumées à l'aide de l'acronyme C R É E[3].

1. La première étape consiste à créer une image mentale **Claire** - une vision claire de ce que vous voulez manifester, et être. Au moment de la traduction, il y a 15 ans, mon image mentale claire était celle d'une auteure reconnue et publiée. Je doutais d'être publiée, je doutais d'être reconnue et je doutais d'être au-

---

[2] **The Science of Getting Rich de Wallace D. Wattles -** que j'ai traduit en français, La Science de l'Enrichissement - publié au Dauphin Blanc.
[3] **La Méthode CRÉE** est décrite dans mon livre Le Secret de la Loi d'Attraction, publié en 2005 au Dauphin Blanc. C'est la base de l'utilisation délibérée de la Loi d'Attraction.

teure. Aussi, je me suis dit que tel serait mon désir réalisé.

Choisissez une image mentale claire de ce désir, ou de votre bonheur si vous préférez, une image plus large de votre vie idéale. Cette image, vous voulez qu'elle soit totalement cohérente avec vos valeurs. Par exemple, je n'ai pas envie d'être une auteure qui donne cent quatre-vingts jours de conférences par an. Cela ne fait pas partie de mes valeurs. Ma valeur famille est trop importante. Clair, veut dire très spécifique au niveau de vos valeurs. Je ne veux pas travailler uniquement derrière mon ordinateur. Je veux être une auteure qui rencontre des gens.

2. Vous voulez que votre vision claire suscite une émotion forte et dense, un sentiment très enthousiasmant pour vous. Parce que c'est cette énergie d'enthousiasme et de joie, à chaque fois que vous allez plonger dans votre image, qui va vous ouvrir à la recevoir, qui va vous faire rayonner et émettre l'énergie d'être déjà la personne qui la vit. Le R de l'acronyme CRÉE, c'est le **Ressenti**. Une fois que vous avez cette image ou cette vision claire, vous pouvez ressentir ce que c'est que d'être déjà cette personne. Vous contemplez cette image et vous vous imaginez comme dans un film. Vous vous imaginez en train d'agir dans cette image, dans tous les détails.

Je me rappelle ma vision claire : je voulais être auteure à domicile pour pouvoir m'occuper de mes enfants, pour pouvoir être là pour mon mari, pour pouvoir partir me promener quand j'en ai envie, pour pouvoir m'occuper de mes enfants malades sans devoir demander de permission à mon employeur, par exemple.

Vous rajoutez les détails liés à votre temps libre, et au fait de ne pas avoir de contraintes d'horaires, de navettes, par exemple. Personnellement, je ciblais la liberté totale du travail à domicile, sans patron. Il y a vingt ans, très peu de personnes travaillaient à domicile en Belgique. Ce mode de travail était tout à fait inconnu.

Vous créez une image qui vous permet de ressentir ce : "*Ouah ! Voilà, ma vie idéale.*" C'est le désir idéal que vous voulez voir se réaliser. Vous sentez que c'est vrai pour vous et surtout, vous vous sentez 'aimé' lorsque vous vibrez dans cette vision. Comme si tout d'un coup, tout se réalisait pour vous. Vous êtes devenu.e le centre du monde et tout est au top pour vous. Cette vision ultra claire amplifie votre ressenti de joie et d'accomplissement. C'est très important pour pouvoir attirer ce que vous voulez, et surtout, pour vous l'approprier. Sinon, votre vision sera juste une image, déconnectée de vous. C'est pour cela que beaucoup de personnes qui pensent : "*J'aimerais avoir mille euros de plus par mois*" ne les manifestent pas. Ces mille euros ne représentent rien pour quelqu'un qui n'a jamais eu plus que mille euros par mois par exemple. Il est crucial de rentrer dans le film de votre image, et de vous 'sentir' vivre cette réalité voulue en imaginant votre désir déjà réalisé.

Alors, vous commencez à prendre confiance en vous, et à développer la foi que : *Oui, c'est possible*. Vous tombez amoureux.se de votre désir. Et, vous commencez à avoir des idées d'actions à entreprendre, ou vous entrevoyez des opportunités. Cela rend votre désir encore plus vivant. Cela lui donne Vie. Cela lui donne de la vitalité. Et cela vous permet de voir plus loin. Ce n'est pas juste une image figée. Ce n'est pas un ressenti figé. Le fait de vous approprier l'image vous permet de recadrer constamment les choses.

C'est ainsi que je me suis rendu compte que je n'avais pas envie de quitter la maison pendant des mois pour partir en tournée de signatures comme auteure reconnue et publiée. Aussi, j'ai retiré cela de la vision. C'est intéressant de jouer avec votre image et sa clarté pour l'affiner et pouvoir encore mieux vous l'approprier - un peu comme un vêtement trop grand que vous adaptez à votre constitution.

3.   Ensuite le É - le premier E de CRÉE – représente **l'Éveil**. Une fois que vous avez spécifié votre image et que vous évoluez régulièrement dans votre film, qui vous permet de vous ressentir acteur et actrice de cette image, vous voulez rester en éveil. Car vous allez recevoir des idées et des inspirations. Ne tombez pas

dans le piège de l'immobilisme : "*Voilà, c'est fait. Maintenant, je vais m'assoir. Je vais méditer pendant trois heures et tout va m'arriver.*" Non. Vous voulez rester en éveil. Vous voulez rester à l'écoute de votre intuition. Vous allez peut-être rencontrer un ami dans la rue et en discutant avec lui, vous allez entendre une phrase qui va susciter une idée. Et vous allez suivre cette idée. Ou vous allez contacter la personne dont le nom vous a été inspiré soudain.

Demeurez également ouvert.e à ce j'appelle les 'contrastes' – ou difficultés - qui pourraient se manifester tout d'un coup. Votre partenaire ou une connaissance vous administre un : *Qui voudras te lire* ? Ou vous vous rappelez un instituteur qui vous a toujours dit "*Vous ne savez même pas écrire correctement !*" Ces contrastes, vous les utilisez comme tremplin pour continuer à avancer vers votre rêve. Vous retournez la fausse croyance et vous vous l'appropriez, en vous rappelant quelques succès par exemple : " *J'ai écrit des textes que j'ai adoré relire et qui m'ont fait frissonner.*" J'ai écrit des poèmes à treize ans – qui sont devenus des textes de chansons pour le groupe de variété où j'ai chanté pendant plusieurs années ensuite - et quand je les ai relus, je me suis dit : "*Wow ! Quelle force ! Est-ce vraiment moi qui ai écrit cela ?*"

Il s'agit de rester en éveil, pour toujours trouver le moyen de continuer à avancer vers votre but. Cet état d'éveil constant vous aide à dépasser vos limites. Ces contrastes vous montrent vos freins et vos peurs. En demeurant en éveil, vous vous permettez de grandir petit à petit. Imaginez que votre désir est tel un sommet que vous voulez atteindre. En chemin, vous apercevez de jolies fleurs que vous cueillez. Et il y a des cailloux qui vous font trébucher. Relevez-vous simplement, et suivez votre cap, toujours, en trouvant le moyen d'apprécier tout ce qui se produit sur votre route.

4.   Le dernier E correspond à l'**Enthousiasme** – c'est le carburant qui va vous permettre d'arriver jusqu'au bout de la manifestation de votre désir. L'énergie de l'enthousiasme est à la fois votre carburant et votre repère. En effet, sur la spirale d'expansion, lorsque vous arrivez au bout d'une spire, c'est le

manque d'enthousiasme qui vous indique qu'il est temps d'accéder à la spire supérieure. C'est le manque de vitalité, et d'énergie. Beaucoup de personnes disent : "*Je suis fatigué.e. C'est normal, je n'ai pas beaucoup dormi.*" Demandez-vous plutôt : "*Et si c'était le signe que quelque chose de nouveau est en train de m'appeler et que je ne l'écoute pas.*" La perte de vitalité illustre un désalignement. Vous vous dirigez vers la droite, alors que l'appel de votre âme vous indique de continuer tout droit.

Le meilleur moyen d'entretenir cet enthousiasme, c'est de rester dans une forme de gratitude la plus constante possible. Vous voulez apprécier toutes les petites choses. J'ai parlé des fleurs sur le chemin, mais vous pouvez aussi apprécier le caillou qui vous a fait trébucher et grâce auquel vous avez appris à faire de plus grands pas par exemple, ou à mieux regarder la voie que vous suivez. Un pas à la fois. Cultivez cet enthousiasme qui est votre carburant de motivation et d'inspiration à continuer à avancer.

Tel est le cadre du processus de manifestation qui m'a permis d'aller jusqu'au bout de mes désirs, et de tous les jours, par exemple, trouver l'enthousiasme de traduire au moins une ligne par jour de "La science de l'enrichissement", puis de la relire. Puis, d'envoyer le manuscrit à douze éditeurs francophones dans le monde. Parce que je suis resté éveillée et que j'ai eu l'inspiration et la confiance de l'envoyer, alors qu'une partie de moi me disait : "*Personne n'ouvrira ta lettre.*"

Je vous rappelle ce Modèle CRÉE en quatre étapes :
- C pour la Clarté
- R pour le Ressenti
- É pour l'Éveil
- E pour l'enthousiasme

Ce modèle, détaillé dans mon livre "Le Secret de la Loi de l'Attraction"[4], je l'ai adapté pour mon usage personnel d'abord,

_____
[4] **Le Secret de la Loi d'Attraction**, publié en 2005 au Dauphin Blanc. Ou Comment créer délibérément sa vie en trente jours.

afin de garder mes repères et de pouvoir aisément les appliquer.

Dans nos moments de transition – ces phases de grand changement où nous passons d'une spire à une autre – nous avons tendance à oublier ce que nous savions. Même si vous avez l'habitude, comme moi, d'utiliser délibérément la loi de l'attraction ou les lois universelles, dans ces moments de grands sauts, une partie de nous devient amnésique. Elle oublie tout ce qu'elle a appris, tout ce qu'elle a emmagasiné jusque-là. Dès lors, il est intéressant d'avoir un modèle à garder comme référence, dans un tiroir ou affiché au mur.

Le processus de création universelle

Le processus de création se produit toujours en trois étapes.

1. D'abord, vous lancez un désir ou une demande - DESIRER

Vous le faites à tout moment, sans raison, inconsciemment. Vos cellules sont programmées pour le mieux-être.

Par exemple, quelqu'un vous bouscule. Une partie de vous lance instantanément le désir : *J'aimerais que mon espace soit respecté.* Vos cellules font en sorte que ce message soit envoyé. Maintenant, est-ce que vous, vous allez suivre cette demande de mieux-être et par exemple remercier ce qui s'est passé - parce que grâce à cela, une demande d'amélioration a été envoyée ? Ou est-ce que vous allez rester focalisé sur : *"Cette personne m'a bousculé."* pendant toute la journée ; vous allez rager et en parler à tous ceux que vous rencontrez ? Dans ce cas, vous ne serez pas aligné.e sur la demande de mieux-être lancée. Vous êtes bloqué.e au niveau du contraste.

Rappelez-vous l'importance de rester dans la fluidité des demandes de mieux-être lancées à chaque événement, quoi qu'il arrive.

2. Deuxième étape, l'univers ou la partie divine en vous, répond instantanément à votre demande - CROIRE

Personnellement, j'adore imaginer cela. Je viens de casser un verre et j'imagine le nouveau verre déjà là. Je m'amuse à choisir sa couleur, sa texture, comme si je commandais mon plat préféré au restaurant. Beaucoup de personnes oublient le pouvoir qu'elles ont à cette étape, et restent bloquées sur : *Et alors ? Où est mon désir ? Je l'ai demandé. Il n'est toujours pas là.* Et souvent, elles retournent à l'étape 1 : elles demandent à nouveau.

Il s'agit de Croire et d'Avoir Foi que l'Univers vous apporte votre désir instantanément. Vous accélérez le processus de création en visualisant exactement votre désir réalisé.

3. L'étape trois consiste à se mettre en mode de réception - RECEVOIR

Vous ne pouvez pas recevoir votre désir, si vous restez bloqué.e à l'étape 1, en geignant : "*Je l'ai demandé. Et il n'est toujours pas là. Cela n'arrive pas. Cela n'arrive pas. Cela n'arrive pas.* Vous entendre répéter cela, c'est le signe que vous restez bloqué.e au niveau de la première étape. Je demande. Je redemande et je redemande milles fois, parce que je ne crois pas pouvoir l'avoir.

Il est dommage qu'à l'école, personne ne nous apprend à rester dans l'espace de l'émerveillement anticipé, ou de ce que j'appelle 'l'anticipation joyeuse' : "*Wow !*". Imaginez l'enfant dont c'est l'anniversaire. Il a demandé un nouveau jouet, un camion, une boîte de maquillage. Il anticipe déjà ce qu'il va faire avec la boîte de maquillage ou avec le camion. Il prend un bout de bois pour faire comme s'il jouait déjà avec ce camion. Ou il fait déjà le clown.

Imaginez l'accélération de la manifestation possible si vous passiez beaucoup plus de temps à 'anticiper joyeusement' le fait d'avoir déjà reçu ce que vous avez demandé. Vous seriez constamment en mode de réception et ce que vous avez demandé pourrait être plus rapidement 'vu' de vos yeux physiques humains. Souvent, vous ne voyez pas physiquement ce que vous demandez parce que vous recréez constamment son absence en vous plaignant que ce n'est toujours pas là. Votre désir est invisible à vos yeux, alors qu'il est visible pour d'autres.

Cela m'est souvent arrivé de 'voir' enfin ce qui m'était invisible quelques secondes auparavant, juste en changeant de ressenti (le R de CREE). Je cherche mes lunettes dans mon sac. Je sais qu'elles y sont parce que je me vois encore les y ranger. Je ne les trouve pas et je m'énerve. L'outil que je me suis créé, c'est de changer d'état énergétique et dès lors de sentiment en me frottant les mains (chakras des mains) et en jouant à me dire *"C'est fascinant."* Puis, je laisse mon sac et je vais m'occuper d'autre chose avec joie. Lorsque je reviens, je 'vois' mes lunettes.

Avec mes enfants, lorsqu'elles étaient petites et qu'elles pleuraient parce qu'elles ne retrouvaient pas un jouet, je désamorçais l'émotion de colère ou de tristesse (voire de désespoir) en leur disant : *"Un petit lutin s'est bien amusé. Il t'a joué un tour. Viens en attendant, jouons à ceci...* » Cela portait leur attention sur une activité amusante, et quelques minutes ou heures plus tard, elles retrouvaient leur jouet. Votre désir est invisible à vos yeux du fait de votre focalisation sur son absence. Votre colère ou votre frustration ne font que vous maintenir dans un état qui vous empêche de voir ce qui est déjà là.

L'étape du lâcher prise est cruciale face aux contrastes. Car c'est au moment où vous acceptez de lâcher prise que le nœud se dénoue : l'appareil électrique se remet à fonctionner, vous retrouvez vos clés ou votre carte de banque, voire même le billet de cinquante euros qui avait disparu de votre portefeuille. Cela m'est arrivé !

Je vous invite, lorsque vous expérimentez cela, à vous rappeler que votre désir n'apparaîtra sur votre radar que lorsque vous placerez votre focalisation sur la présence de ce que vous désirez.

En tout temps, tout existe : l'absence de ce que vous désirez, sa présence idéale, et puis, toutes les nuances intermédiaires – peu d'absence, beaucoup d'absence, peu de présence, beaucoup de présence, ou une apparition momentanée et puis, disparition. Tout dépend toujours de ce sur quoi vous vous focalisez, pour que ce qui est probable devienne possible. Car les probabilités deviennent possibilités, et ensuite les possibilités deviennent manifestations.

C'est fabuleux, plutôt que de râler et de s'en vouloir "*J'ai de nouveau perdu ceci*", de pouvoir s'amuser à se dire : "*En réalité, plusieurs probabilités existent en même temps.*" Ceci est très bien illustré dans le film Que sait-on vraiment de la réalité !?[5] Ce documentaire explique magnifiquement les diverses probabilités qui existent simultanément.

Il s'agit de vous dire : "*La possibilité de mon désir existe, et je peux choisir soit de me focaliser sur son absence, soit sur le fait qu'il existe et m'amuser à m'émerveiller d'avance et à l'anticiper joyeusement en me demandant* : "*Par où, va-t-il me venir ? Je sais que c'est là. Comment est-ce que cela va m'arriver ? Par qui ?*" C'est bien plus amusant à faire que de continuer à s'énerver face au manque.

Depuis que j'ai découvert la loi de l'attraction en 1999, j'adore utiliser cet outil. Oui, je vis des moments où, comme beaucoup de personnes, j'oublie que j'ai toujours le choix et où je peux inconsciemment décider de réagir avec des œillères. C'est face à nos déclencheurs que notre mental a tendance à nous faire oublier toutes les possibilités. Mon mari et mes enfants m'aident beaucoup, puisqu'ils ont vécu la découverte de la loi d'attraction à mes côtés. Une fois que nous réamorçons l'idée de jouer à imaginer les choses autrement, à imaginer ce qui serait possible, à imaginer que c'est déjà là, la manifestation devient visible.

---

[5] **Que sait-on vraiment de la réalité ?!** Traduction française du film What the Bleep Do We Know! – Down the Rabbit Hole? de Betsy Chasse et William Arntz.

J'aime recourir à cet outil en utilisant des supports très physiques, tels que l'argent, une maison ou même une relation - des formes concrètes, et des personnes incarnées - parce que nous avons un pouvoir incroyable sur cette incarnation, dont nous n'avons même pas idée. Dès lors, cela vaut la joie de jouer avec cela.

Voici un jeu que j'aime jouer, et qui m'a été inspiré du livre 'Alice au pays des merveilles' dans la scène où la Reine de cœur rencontre Alice. Alice est désabusée et la Reine de cœur lui dit : *"Mais enfin ma fille, si tu savais seulement. Moi, avant-même mon petit déjeuner, j'ai déjà imaginé six miracles."* Wow ! Et si nous prenions tous l'habitude, avant notre petit déjeuner, ou avant même de quitter notre lit, d'imaginer six miracles comme s'ils étaient déjà réalisés ? J'ai commencé à le faire, plusieurs jours d'affilée, et je me suis rendu compte que cela me mettait dans une énergie totalement différente dès le lever du lit. Vous vous levez dans l'énergie d'innombrables possibilités, de la foi en soi, de la foi en l'avenir, dans l'anticipation joyeuse du meilleur ici et maintenant. Et, vous vous retrouvez enfin. Vous vous retrouvez à jouer comme les enfants que nous sommes avant tout.

Nous avons tellement besoin de vibrer l'énergie du miracle. Nous avons tous vécu des miracles dans notre vie, tous. Si seulement nous pouvions nous focaliser sur ces miracles, petits et grands, et continuer à en demander, nous nous créerions une vie plus fluide et aisée. L'univers et ses agents visibles et invisibles sont toujours prêts à nous aider à manifester. Demandons leur soutien. Pour moi, aujourd'hui, le miracle, c'est d'arriver à être en paix avec moi-même et le monde le plus souvent possible. Et depuis que j'ai compris que c'était cela l'important pour moi, ma vie a énormément changé.

Comment tenir bon et maintenir son cap

Lors de la période de dégringolade qui a suivi les années de bonheur dans la maison de nos rêves, avant de vraiment prendre conscience de ce qui se passait à cause des tensions profession-nelles et financières, ce que j'entendais en moi, c'était : "*Vendez la maison. Vendez la maison*". Et en même temps, une partie de moi disait : "*Non. Non. Non. Ce n'est pas possible. Ce serait un échec. Ce serait un rêve qui tombe à l'eau. Qu'allons-nous dire à nos familles qui nous ont tant aidé ?*" Mon ego n'était pas prêt à lâcher.

1.   Ce qui m'a aidé à voir clair et à prendre cette décision dif-ficile, c'est notre environnement relationnel. La communauté de personnes dans laquelle nous étions entrés, et qui croyaient que réussir était naturel, que réussir était un droit de naissance, que nous n'avions rien à prouver à quiconque, ni à nous-mêmes, rien à mériter, que cela faisait partie de notre être, que ce n'était pas réservé à une élite. Auparavant nous n'avions pas de réel soutien de personnes qui croyaient en notre capacité de réussir financiè-rement. Nous étions entourés de personnes qui doutaient d'elles-mêmes, qui se contentaient de peu, qui ne croyaient pas en leurs propres rêves et qui cassaient les nôtres, des personnes avec qui nous évitions de partager nos grands désirs. Nous ne pouvions pas rêver grand. Nous ne pouvions pas vouloir plus grand que ce que nous avions.

2.

C'est pour cela que je ne regrette pas cette période contrastée. Ce fut un grand saut pour nous. Je dis souvent aux participants à mes ateliers que plus la peur, le problème ou le contraste sont grands, plus le cadeau caché est grand, et plus le potentiel en vous est grand. En effet, si vous affrontez un gros obstacle ou une grosse difficulté, que ce soit au niveau relationnel, financier ou professionnel, c'est que vous avez déjà en vous les ressources pour traverser cela. Sinon, vous ne vous le seriez pas créé. Il y a une partie de vous qui sait que vous pouvez le traverser et qui sait que cette création va vous aider à grandir. Cela m'a aidé de me dire : "*Allons voir le trésor qui se cache derrière ce contraste et cette peur de sauter.*"

3.   Ce qui m'a beaucoup aidé également, c'est que j'étais à nouveau enceinte. J'ai aussitôt ressenti une force incroyable – la Force de Vie. Je redécouvrais ce que c'était que d'être habitée par

le Divin. Une force de création — littéralement - telle que tout pouvait s'écrouler autour de moi, une seule chose comptait : moi et le bébé. J'ai vécu cet état d'invincibilité à chacune de mes trois grossesses. Les contrastes du Faire et de l'Avoir (la réalité) m'ont aidée à revenir à l'Être (la spiritualité). Je me suis dit : "*Advienne ce que pourra. La seule chose qui compte, c'est mon bien-être et le bien-être du bébé.*" Et cela m'a donné une force inébranlable.

4.   Et bien sûr pendant toute cette période, ce qui m'a aidé c'est de traduire le livre The Science of Getting Rich. Il ne faut pas oublier que j'appliquais les concepts décrits dans le livre pendant tout ce temps. Ce fut une merveilleuse porte d'entrée dans le nouveau : le nouveau monde, le nouveau paradis, le nouveau mode de pensée. En matière d'environnement, il y a les gens que vous fréquentez et les livres que vous lisez. Il y a les films que vous regardez. Il y a les musiques que vous écoutez.

Adolescente, j'écoutais des musiques tristes et nostalgiques. Récemment, ma fille pré-adolescente m'a dit : "*Je n'ai plus envie d'écouter cette musique, parce qu'elle me tire vers le bas.*" Il est crucial pour votre bien-être et votre pouvoir de manifestation de choisir délibérément ce que vous laissez entrer dans votre monde et dans votre vibration, autant au niveau écrit qu'au niveau visuel, sonore, et au niveau sensation.

La culpabilité

Beaucoup de personnes se culpabilisent de ne pas réussir à créer un désir. Or, si une partie d'elles se culpabilise, c'est qu'elles se comparent. Le sentiment de culpabilité provient souvent, soit d'une comparaison entre soi et les autres : "*Untel étudie cela depuis autant de temps que moi et il a déjà des résultats et pas moi.*", soit la voix d'une autorité du passé vous compare à vous-même dans le passé en disant : "*Tu vois. Tu n'arrives jamais à rien.*"

La première chose à faire, c'est d'élever votre niveau émotionnel. Passez de la culpabilité à une forme de mieux-être. Cessez de vous juger par exemple. La comparaison est à double tranchant : elle est négative quand vous vous comparez aux autres pour vous rabaisser. C'est la tendance Yin. Chez beaucoup de femmes, le côté Yin dit : "*Cette personne est incroyable ! Moi, je n'y arriverais jamais.*" Cela n'est pas porteur. Le côté Yang en vous a plutôt tendance à dire : " *Si lui peut le faire, je peux le faire aussi.*" Il va vous donner envie de vous dépasser, et sa voix est porteuse.

Le meilleur moyen d'utiliser la comparaison, si vous êtes quelqu'un de plutôt Yin, c'est de vous comparer à vous-même : "*Regardons là où j'étais il y a trois mois ou même un mois, avant que je ne connaisse tout ceci, avant que je n'applique ces outils. Qui étais-je à ce moment-là ?*" Et vous allez devoir reconnaître que vous avez grandi. Même si vous vous retrouvez face à un nouveau contraste. Derrière le nouveau problème, il y a une pépite. Il y a un magnifique cadeau, un magnifique potentiel.

Et le problème est peut-être là pour vous dire : "*Regarde il y a un mois où tu étais, et regarde là où tu en es aujourd'hui. Tu as plus confiance en toi. Tu t'es ouvert.e à ton nouvel horizon. Tu commences à croire en tes possibilités.*

Vous voulez voir qui vous êtes devenu.e au cours des derniers mois et ce faisant, vous traversez le contraste parce que vous remontez au niveau émotionnel et vibratoire. Vous cessez de vous juger. Vous cessez de vous culpabiliser et vous commencez à vous sentir inspiré.e par vous-même, et à vous dire : "*Wow ! Cela valait la peine de vivre tout cela.*"

L'outil suprême, c'est de pivoter. "*Ce qui est passé est passé. Je n'ai plus de pouvoir sur cette situation, qui n'est que le reflet de mes croyances et de mes peurs passées. Mon pouvoir est ici et maintenant. Qu'est-ce que je choisis d'être ou de faire aujourd'hui, pour atteindre ma vision ou obtenir mon désir ?*" C'est là que vous récupérer votre pouvoir. C'est là que vous pouvez recommencer à cocréer ce que vous désirez avec l'univers.

Lorsqu'une situation s'arrête ou vous file entre les doigts, le premier réflexe de beaucoup est de penser : *"Pourquoi ? Qu'est-ce que j'ai fait de mal ?"* Le réflexe que je vous invite à installer en vous pour qu'il devienne votre nouvelle nature, c'est : *"Si ceci s'arrête, c'est que le nouveau projet est déjà là. C'est son énergie de renouveau qui effectue une poussée sur mon présent. Telle la nouvelle dent qui pousse et qui fait tomber la dent de lait. C'est la nouvelle énergie qui pousse l'ancienne : "Tu as fait on travail. C'était super. Mais maintenant, il est temps de laisser la place à une autre énergie."* Le nouveau germe prend forme. D'invisible et pourtant bien réel, il devient visible.

Créer sans une image claire, est-ce possible ?

Aujourd'hui, beaucoup de personnes – moi y compris, veulent juste vivre dans le flux. Elles veulent rester ouvertes à ce qui va se manifester, ou ce qui 'doit' se manifester selon leur intuition. Les deux modes de création sont possibles : le fait d'avoir une image mentale très claire de ce que vous désirez, et le fait de laisser faire. Personnellement, j'expérimente le fait de simplement installer la joie et la paix en moi. En ce moment, je n'ai pas d'image claire de ce que je désire, si ce n'est comment je veux me sentir au quotidien. Selon la spire sur laquelle vous êtes, et la période de vie qui est la vôtre en ce moment, vous pouvez avoir juste envie de vous assoir et de laisser votre bouchon de joie flotter en voyant ce qui se présente.

L'outil de manifestation CREE que je propose dans ces pages concerne les personnes qui ont un désir et qui sont frustrées de ne pas le voir se manifester. Comme moi-même et mon histoire, elles se disent : *"Ça suffit. J'en ai assez de subir ma vie."*

Lorsque cela m'est arrivé, j'avais l'impression de m'être laissée porter par la vie, sans but précis. En effet, durant mes études, j'avais cultivé le désir d'être interprète aux communautés européennes. Ce désir ne s'est pas réalisé – je suis devenue traductrice - et heureusement, parce que, par après, je me suis rendu compte que beaucoup d'interprètes avaient une vie stressante. Ce n'était pas du tout mon tempérament. C'était comme si la vie m'avait amenée là où j'étais. Je me suis contentée de me laisser flotter et après quelques belles années, je n'étais plus heureuse de ma vie. Je caressais le rêve d'être traductrice professionnelle, alors que j'étais secrétaire de direction. A un moment, j'ai décidé de reprendre les rênes, et de créer ma vie plutôt que la subir.

La différence entre se laisser flotter – ou laisser être – et avancer délibérément vers son but réside dans le pourquoi de votre choix. Est-ce que vous voulez être dans le flux et vous laisser flotter parce que vous êtes frustré.e d'avoir essayé de manifester votre vie sans y être arrivé ? Ou voulez-vous laisser les choses couler parce que vous avez déjà réussi ce que vous désiriez, un peu comme je l'ai décrit pour moi, et qu'en ce moment, vous n'avez plus de désir clair ? Et, vous voulez juste savourer, et vous laisser porter là où la vie vous mène.

Le désir

Le choix se situe au niveau de votre ressenti. Si vous êtes frustré.e, vous risquez de vous laisser porter vers des situations frustrantes. Oui, vous flotterez, mais avec des émotions basses, du genre : "*Contente-toi de ce que la vie t'apporte.*" C'est ce que j'entends indirectement lorsque certaines personnes me disent : "*Oui mais, le bouddhisme nous encourage à ne plus avoir de désirs, donc je ne veux plus avoir de désirs.*" C'est parce qu'elles en ont assez d'avoir eu des désirs qui ne sont pas manifestés. Elles sont mécontentes. Dans ce cas-là, il vaut mieux que vous jouiez à pivoter : "*Je vais me choisir un désir qui est faisable, qui me sort de ma zone de confort mais qui est faisable*" juste pour jouer le jeu de la manifestation et vous élever au-dessus du sentiment de frustration.

Cependant, si vous avez réussi à atteindre le niveau ou le style de vie que vous vouliez atteindre, et que vous n'avez plus de désirs particuliers en ce moment, faites comme moi par exemple. Je dis à la vie : "**Utilise-moi.**" Ma prochaine étape n'étant pas claire ces dernières années, je dis : "*Utilise-moi.*" Ce n'est pas être frustré. C'est juste : "*J'ai obtenu tout ce que je voulais obtenir. Je ne sais pas exac-*

tement quelle est l'étape suivante, et je n'ai pas l'énergie de trouver cette étape par mes seuls moyens. Aussi, je lâche les rames temporairement. Et je demande à la vie de me montrer ma prochaine 'mission'. La différence se situe au niveau du ressenti.

Vous voulez vous mettre au service de l'intelligence universelle et ainsi, vous sentir comblé.e de joie, d'amour et de paix. Dans cet état, vous savez à l'intérieur de vos cellules que tout ce qui est bon pour vous est déjà en train de se manifester. C'est déjà visible. Et que le reste va arriver très vite. Vous vous laissez surprendre par les miracles. Et vous arrivez plus facilement à modifier vos croyances. En effet, plus vous arrivez à manifester vos désirs, plus votre 'réalité' s'affirme devant vous, et s'ancre comme votre nouvelle vérité : "*Oui, cela fonctionne.*" Une fois le nouveau paradigme lancé, il n'y a plus de retour en arrière possible. Car votre niveau de conscience s'est élevé.

Comment trouver du soutien si notre entourage ne nous encourage pas ?

Mon entourage de l'époque ne me soutenait pas à la hauteur de mes désirs. C'était ma perception en tous les cas. Je ne partageais plus mes rêves car enfant, j'avais souvent été freinée dans mes élans de réussite. Plus spécifiquement, au moment du gros contraste financier, notre situation professionnelle, nos difficultés avec les clients et avec l'argent, ont fait que notre relation de couple s'était dégradée. Je n'avais plus personne vers qui me tourner, si ce n'était le Divin en moi. Ce que j'ai fait. J'ai beaucoup prié. J'ai demandé de l'aide à l'Univers.

Par ailleurs, une fois que nous nous sommes ouverts à notre nouvel environnement de personnes déterminées à réussir grâce à la vente directe, et en nous maintenant dans l'état d'esprit de l'explorateur qui teste de nouvelles voies pour atteindre ses désirs et sa destination, j'ai vite compris que le seul soutien dont nous pourrions toujours bénéficier, c'est le soutien de nous-même vis-à-vis de nous-même. C'est le soutien de la Source ou du Divin en nous - qui veut toujours nous aider et nous amener là où nous avons envie d'aller. Par la méditation, la visualisation et la contemplation, j'ai décidé de me reconnecter à cette Grande partie en moi, dans les moments où je ne me sentais pas suffisamment encouragée.

Traduire La Science de l'enrichissement, qui parle de ces lois spirituelles, m'a également aidé à traverser cette phase de transition ardue. Les livres peuvent vous soutenir vous aussi. Regardez des films qui vous font du bien. Lisez les articles des blogs de personnes qui vous inspirent.

Ainsi, j'ai poursuivi ma démarche en secret. Je n'ai rien dit à mon mari de mon application des principes exposés dans le livre, ni lorsque j'ai envoyé ma traduction aux éditeurs. Je voulais d'abord voir si cela fonctionnerait. Je ne voulais pas que mon rêve soit cassé. Et, le téléphone a sonné un soir à vingt-et-une heure. Mon mari a décroché, et m'a passé le combiné. Une fois terminée ma conversation fructueuse avec l'éditeur, il m'a demandé : "Mais, que se passe-t-il ?"

Mon rêve se réalisait. L'image claire que j'avais cultivée dans ma tête pendant une année incluait non seulement l'acceptation et la publication du manuscrit, mais également d'autres commandes de l'éditeur. Dans ma vision, l'éditeur ne voulait pas publier juste une de mes traductions mais toutes. Je voulais qu'il m'offre une nouvelle 'carrière' sur un plateau. Et c'est ce qu'il m'a proposé dès le premier coup de téléphone. Je n'en revenais pas.

Ce n'est qu'après avoir raccroché, que j'ai enfin expliqué à mon mari la démarche que j'entreprenais depuis des mois. Pendant tout ce temps de tensions et de non-dits, j'avais eu recours au soutien de ma connexion à la source, et surtout de mes lectures, audios, visualisations, et bien sûr à l'application des principes du livre que je traduisais.

Que faire si ma joie et mes succès irritent mes proches ?

Si cela se produit, c'est qu'une partie de vous le craint. Nombres de participant.es à mes ateliers me disent : "*Oui, mais, si je réussis, mon conjoint ou ma conjointe va se sentir diminué*, ou *ma famille ne va pas comprendre*, ou *mes amis vont être jaloux.*» Si vous croyez cela, vous le créez. Dès le moment où vous décidez que votre réussite, plutôt que de perturber et irriter autrui, va les inspirer eux aussi à vouloir réussir, vous transformez la fausse croyance en une affirmation bien plus intéressante pour vous et pour eux. Et c'est ce que vous soutiendrez et créerez par votre conviction.

Si vous vous êtes convaincu.e que votre réussite ne va toucher que des personnes qui seront inspirées par vous, toutes celles susceptibles d'en être irritées seront invisibles pour vous. Elles iront peut-être en parler à d'autres personnes autour de vous, mais leur plainte n'arrivera jamais jusqu'à vos oreilles - parce que vous vous serez créé un champ de vibrations élevées. Vous ne cherchez pas à réussir pour gêner ou irriter autrui. Vous cherchez à réussir pour votre mieux-être. Si c'est votre seule intention, celle-ci rayonnera fort et loin sur les personnes qui y sont ouvertes. Dès lors, il n'y a pas de raison que cela dérange quiconque. Et ceux que votre réussite dérangera iront s'irriter ailleurs, sur le terrain de jeux des personnes qui s'emportent facilement. Mais ils ne viendront pas vous le dire. S'ils vous approchent pour en parler, c'est qu'ils vous offrent un cadeau caché derrière leurs paroles.

Il m'arrive parfois de recevoir un courriel ou un commentaire désobligeant sur YouTube, que je ne prends pas comme une agression. Je le considère comme un tremplin vers mon réalignement. Je me frotte les mains en me disant : "*Tiens. C'est amusant. Aujourd'hui, à cette minute-même, une partie de moi s'est sentie appelée à lire ce message désobligeant*". Cette action reflète simplement l'une de mes peurs – la peur d'être jugée ou de n'être pas appréciée. C'est juste un miroir de mes propres peurs. Une fois que je sais cela, je peux sortir de l'émotion basse et passer à autre chose. Je ne veux pas rester dans la vibration désagréable de ce commentaire. Et je peux à tout moment décider de ce que j'en fais. Est-ce que je le garde ? Est-ce que je le supprime ? Est-ce que je tourne la page simplement ?

Décidez dès maintenant que votre réussite inspirera les autres à grandir. Votre ouverture à l'abondance, à la réussite et au mieux-être, contribue à élever la vibration de mieux-être, d'abondance et d'harmonie de la planète tout entière. Et cela n'est possible que si vous-même continuez à entretenir ce genre de croyance. Même si les gens autour de vous vous font peur. Souvent, c'est juste leur manière de se protéger, de vous protéger et de vous maintenir là où ils savent que vous êtes en sécurité. Cependant, vous savez que vous ne vous sentez plus bien dans ce cadre devenu trop limité. Vous voulez grandir. Et grandir demande d'élargir votre zone de confort. Choisissez les croyances qui vous permettront d'avancer.

Vous pouvez changer votre croyance et votre focalisation sur le champ. Une cliente me partageait récemment qu'elle avait discuté avec une dame d'un certain âge à la librairie où elle aime aller fouiner de temps en temps. Et cette dame commence à lui brosser un portrait terrible de l'avenir du monde. *'De toute façon vous, votre génération va connaître la guerre.''* Elle en était tellement convaincue, qu'elle projetait des images horribles sur ma cliente qui s'est dit " *Mais bon sang, je ne veux pas expérimenter cela.''* Et tout de suite, ma cliente a pivoté : "*Ok. Quel monde est-ce que je veux créer ? Dans quel monde est-ce que je veux vivre ?''* Elle s'est mise à imager ce monde idéal pour elle, pendant que la dame continuait à lui parler. Elle imaginait son monde parfait en se répétant : "*C'est cela que je veux. Je choisis cela.''* Elle se voyait avancer vers cette probabilité. Le pivot est un outil très intéressant lorsque des personnes de votre entourage vous plombent, ou choisissent par défaut une réalité que vous ne voulez pas vivre.

Vous avez toujours le choix de vous focaliser sur la réalité qui vous convient le mieux.

Les nouvelles générations

Ma cadette, à quinze ans, est revenue désespérée à la maison à la suite de la présentation méthodique de son professeur de science qui a démontré à la classe par A + B que d'ici 10 ans le monde n'existerait plus. Il avait utilisé des équations pour asseoir sa théorie sur cette inéluctabilité. Sans parler des discours et articles qui tournent autour de l'avenir de la planète. Tout cela plombe nos jeunes. Plusieurs outils de focalisation et de manifestation peuvent les aider à remonter sur l'échelle des émotions[6].

Heureusement, nous avons atteint un tel seuil que les jeunes aujourd'hui ne veulent plus cocréer un monde non respectueux de l'environnement. De ce fait, leurs cellules sont en train de clarifier ce qu'ils veulent cocréer à la place. Première étape, ils lancent de nouveaux désirs liés à ce qu'ils désirent, même inconsciemment. En tant que générations plus âgées, nous pouvons les soutenir, en cultivant nous aussi cette nouvelle vision.

Nous vivons dans plusieurs mondes. Il existe autant de mondes que d'êtres humains sur la planète, selon leurs croyances. Il existe le monde de la guerre, des conflits, des combats, des trahisons. Et puis, il y a le monde de la paix, du calme, du partage, de l'amour. Plus, toutes les nuances entre ces deux mondes. Chacun a le droit de choisir dans quel monde il veut vivre. Chacun a le pouvoir de créer Son Monde Propre, au détail près.

Personnellement, face à un contraste, j'aime me dire : "*Wow ! C'est fascinant. Je me sentais tellement en paix et en harmonie, et là, j'ai attiré quelqu'un qui me reflète la violence.*" Pas besoin de sombrer dans la victimisation : "*Pourquoi ai-je attiré cela ? J'étais tellement bien. Je ne comprends pas. Je ne dois pas encore être assez alignée.*" C'est ce qui fait retomber beaucoup de personnes : "*Cela fait des mois que je pratique la loi de l'attraction et je continue à attirer des personnes qui me jalousent ou qui me critiquent, ou qui me décrivent un monde horrible.*" Dites-vous plutôt : "*C'est fascinant que j'aie attiré cette personne qui me 'dérange'. Quelle est la perle derrière ce contraste ? Quel est le monde que moi je veux*

---

[6] Echelle des émotions : Voir le glossaire, en fin d'ouvrage, pour un complément d'information et un approfondissement sur la notion abordée.

créer ?" Ainsi, vous récupérez instantanément votre pouvoir de création, et vous sortez de la vision de l'autre.

Ce sont des réflexes que vous allez acquérir avec le temps et la pratique de ces outils. Ce n'est même pas une seconde nature. Cela devient votre première nature.

Comment jouer à manifester l'argent quand le délai vous semble court ?

J'adore me poser ce genre de questions. C'est un atout de ne pas savoir comment arriver à manifester le montant désiré, pour pouvoir vous inscrire à une formation par exemple. En effet, cela veut dire que le mental ne peut pas vous demander de 'travailler dur' pour y arriver. Il doit laisser la place à 'plus grand que lui', à la Force de Vie et de Création, à la Magie de l'Univers. Il peut vous mettre des bâtons dans les roues cependant, en vous disant : "*Ce n'est pas possible. Oublie.* » Mais votre âme vous pousse en avant. Vous avez envie d'y aller : "*Je veux m'inscrire, mais je dois m'inscrire rapidement.*" Et si vous lisez ces pages, vous savez comment laisser votre mental de côté et éviter qu'il vous dise : "*Je ne peux pas me le permettre. C'est injuste.* " Il suffit de pivoter en décidant de 'jouer' à manifester.

1. Lorsque vous ne savez pas comment atteindre un but, demandez de l'aide. Et ouvrez-vous à recevoir la solution ou le montant. C'est la troisième étape du processus de création. À la première étape, votre désir a commandé le montant nécessaire à votre inscription. Et j'irais même plus loin : il a commandé la formation elle-même. Demandez de recevoir votre place au séminaire. Imaginez-vous sur place. Imaginez-vous en train de parler avec l'animateur et avec les autres participants. Car, la formation peut vous être offerte. Vous n'aurez peut-être pas besoin d'argent pour vous inscrire. Il en va de même pour une voiture ou une maison, si vous croyez que c'est possible.

2. Peu importe le délai, laissez venir les idées. J'aime noter

dix moyens par lesquels cet argent ou cette formation pourrait m'arriver. Il y a des moyens logiques, comme *'J'ai de l'argent sur un compte d'épargne."* ou *" Je peux remplir mon dossier et déjà payer l'acompte. Cela me laisse le temps de manifester le solde."* La question qui vous ouvre à recevoir est : *"Quelles sont mes options ?"* Vous avez l'option de demander l'aide financière de quelqu'un, et parallèlement à cela, de créer un plan qui vous permettra de manifester l'argent vous-même.

Je me souviens d'un désir de grand voyage que je caressais il y a presque 25 ans, pour rencontrer une femme exceptionnelle, Chris Griscom, aux Etats-Unis. Je ne voyais pas comment payer les frais d'avion, la formation et le séjour, dans les délais. Pourtant, je savais que je devais y aller. J'ai commencé à me renseigner sur les vols et à préparer mon séjour. Et en examinant une carte des Etats-Unis, je me suis rendu compte que l'Etat du Texas - où vivait ma sœur expatriée avec son mari - se situait à six heures de route de ma destination au Nouveau Mexique. Soudain, mon cerveau s'est mis à créer des connexions et des associations de pensées qui ont facilité les choses. Une nuit, je me suis rappelée que je pouvais déjà payer l'acompte du vol avec ma carte visa, qui serait débitée le dix du mois, et payer le solde le mois suivant. Ce qui laissait le temps à mon salaire d'arriver sur mon compte. Cette solution, je ne l'avais pas 'vue' avant de me lancer dans ces préparatifs. Certaines solutions deviennent visibles à partir du moment où vous vous ouvrez à les recevoir.

Notez les canaux ou moyens par lesquels votre désir pourrait vous arriver. Et n'oubliez pas les moyens 'magiques' ou 'irrationnels' voire 'surréalistes', comme "trouver 500 € par terre." Une cliente m'a témoigné avoir demandé de l'aide face à une situation difficile, et son intuition l'a inspirée à sortir se promener, à s'arrêter à un endroit précis, à tourner la tête à droite pour apercevoir une cabine téléphonique (elles étaient encore utilisées), et à y découvrir une enveloppe sur la tablette. En l'ouvrant, elle s'est rendu compte que l'enveloppe contenait 500 euros. Ce genre de rendez-vous 'magique' ou 'improbable' arrive tous les jours.

Je me rappelle avoir lu un article qui expliquait qu'une famille en difficulté au Japon avait trouvé dans sa boîte aux lettres une enveloppe contenant 60.000 Yen, d'un soutien anonyme. Tout est possible, d'autant plus aujourd'hui où de nombreuses personnes comprennent l'importance des actes de bonté et de générosité gratuite.

Listez à la fois les moyens logiques : "*Je peux demander de l'aide un parent*' et des moyens plus 'magiques', 'Un.e fan ou mécène me fait un don de 50.000 euros'. Vous voulez rester ouvert.e à toutes les possibilités.

L'acceptation de soi pour réussir sa vie

Aujourd'hui, je sais que ma réussite et mon succès sont liés au fait de m'être acceptée telle que je suis. Je m'explique. Aujourd'hui, je donne des conférences. J'écris, je traduis. Je parle anglais. Je m'amuse avec les outils sur Internet : YouTube, Instagram, Facebook, LinkedIn. Je voyage. Bref, je réalise toutes mes passions. Tout cela parce qu'un jour, j'ai constaté que la société ne pouvait pas me proposer d'emploi qui corresponde à toutes mes passions : la passion des langues, des voyages, de l'informatique, du développement personnel, de la loi de l'attraction et de l'enseignement. Ni à toutes mes valeurs : respect de moi-même et de mon rythme féminin, présence pour ma famille, liberté de choix (pour mes vacances, mes horaires), abondance (exploser le plafond des grilles salariales). Et j'ai vite compris que personne ne pourrait m'offrir d'emploi ou d'occupation qui m'enthousiasme vraiment. Or, l'enthousiasme et la passion sont les clefs de la réussite.

Il est crucial de reconnaître la valeur de toutes les parties de vous-mêmes et de vous accepter tel.le que vous êtes, plutôt que de vous plaindre sans chercher à changer en vous répétant : " *Je ne trouverai jamais ce qui me convient, parce que l'on me propose toujours des postes en deçà de mes possibilités.*" ou bien "*Je ne tiens pas en place. Je ne pourrais jamais rester assis.e derrière un bureau plus d'une heure.*" Et alors ? Tant mieux ! Vous pouvez créer votre réussite selon vos propres critères et valeurs, en respectant qui vous êtes.

Au fil des années, j'ai remarqué qu'aujourd'hui, plus vous vous acceptez et plus vous vous aimez vous-même - donc plus vous vous écoutez et respectez ce qui est important pour vous - plus vous pouvez réussir. En effet, plus vous faites cela, moins vous vous mettez des bâtons dans vos propres roues. Aimez-vous.

C'est plus que de l'acceptation de soi. C'est l'amour de moi-même qui a fait qu'à un moment, j'ai symboliquement tapé du poing sur la table en disant : "*Cela suffit ! Je ne veux plus continuer à vivre comme cela.*" C'est par amour pour moi-même, et pour mes enfants et mon mari, que je me suis dit : "Mon bien-être avant tout." Et mon bien-être passe par l'acceptation de moi-même, et de mes 'défauts' qui sont juste des traits de caractère importants pour moi, des avantages, des atouts, alors que certaines autres personnes vont s'en irriter. Dans le monde de l'emploi, si vous êtes une femme indépendante et autonome, ce n'est pas toujours bien vu. Dans certaines fonctions, la structure préfèrera engager quelqu'un qui se soumet, qui obéit aux ordres, sans broncher. Or, en tant qu'entrepreneur.e, et en tant que maître créateur de votre vie, ce sont des atouts puissants.

L'amour de soi facilite la réussite. Et comme la réussite est liée à l'abondance, c'est un ingrédient de choix pour atteindre la richesse telle que vous la désirez.

Quelques techniques de libération émotionnelle

1. La loi de l'attraction nous apprend que l'émotion que nous émettons attire à nous des émotions, des circonstances ou des personnes qui vibrent à un niveau émotionnel similaire. Le but n'est pas d'aller creuser pour savoir pourquoi vous vibrez comme cela, pourquoi ce déclencheur s'active en vous, pourquoi à chaque fois que quelqu'un vous bouscule, vous piquez une colère noire. Sinon, vous risquez d'amplifier l'émotion que vous ne

voulez plus vibrer et de continuer à cocréer constamment le même genre de situation.

Grâce à ma connaissance de la loi de l'attraction, je vous recommande plutôt de vous mettre en position d'observateur en vous disant : "*Quelqu'un vient de me bousculer, je me suis mise en colère. Ok. Je l'accepte. Je m'accepte telle que je suis. Je m'aime telle que je suis. Comment est-ce que je pourrais me sentir mieux par rapport à cela plutôt que de me juger et de me culpabiliser ? Qu'est-ce que j'aimerais vibrer, qui me permettrait de me sentir mieux ici et maintenant ?* "

Ainsi, vous remontez régulièrement sur l'échelle des émotions jusqu'à désamorcer le schéma, au point qu'à un moment, même si quelqu'un vous bouscule, vous ne réagissez plus comme avant.

2. Si tous les jours, vous prenez l'habitude, non pas de vous focaliser sur : "*Oh la là ! Je me suis à nouveau mise en colère. Je suis une vraie colérique.*" - étiquette qui vous fait recréer constamment cette identité – mais bien, dès le matin, sur une décision porteuse : "*Tout à long de ma journée, la seule chose qui compte pour moi, c'est que je me sente bien*", vous allez enclencher et cultiver une nouvelle nature où vous récupérez votre pouvoir à chaque moment d'inconfort. "*Tiens, je suis en train de discuter avec cette personne qui broie du noir, et je ne me sens pas bien. Comment est-ce que je pourrais me sentir mieux ? Je me sens inspirée à enclencher une vision beaucoup plus lumineuse du monde. La personne qui m'a bousculée ce matin était peut-être pressée de retrouver un ami perdu de vue ou d'aller aider une amie dans le besoin*'. Cela devient une nouvelle habitude.

Vos schémas antérieurs n'enclencheront plus le même mode de réaction parce que vous aurez repris les commandes, et que vous aurez décidé consciemment : "*Chaque contraste qui se présente, je vais l'utiliser pour me sentir mieux.*"

3. Dans notre période difficile, je travaillais pendant les cours ou la sieste de mes aînées, et je m'en occupais le reste du temps. J'adorais leur organiser des ateliers peinture, promenade, sculpture, jardinage, etc. Mon mari travaillait beaucoup, de sorte que

certains jours, je n'en pouvais plus. J'étais enceinte de ma troisième. J'étais fatiguée. Aussi, dès que mon époux rentrait, j'attrapais les clés de la voiture et je lui demandais de s'occuper des enfants. Je partais conduire dans les champs pendant un quart d'heure. Si nécessaire, j'hurlais dans la voiture, je lâchais les émotions désagréables qui m'étouffaient et que je ne voulais pas lâcher devant ma famille. Et, je rentrais tranquillement à la maison, en reprenant ma vie là où je l'avais laissée. Je m'autorisais à libérer le trop-plein émotionnel que j'avais accumulé pendant la journée (lié au travail, au stress, aux disputes des enfants, à la fatigue). Je me permettais de lâcher cela dans un espace sécurisé et neutre.

Trouvez un moyen de lâcher ces émotions basses, que ce soit la tristesse, la colère, la frustration. Faites-le par écrit éventuellement. Avec des crayons de couleur ou des pastels gras. Lorsque je voyais que mes filles commençaient à bouillir de l'intérieur, je leur mettais des crayons gras de couleur rouge et noir en main, ou je leur laissais choisir les couleurs, et je leur disais : "*Allez-y. Raturez la page.*" Elles se déchaînaient sur la feuille, tout en s'amusant, et cela leur permettait de lâcher ce qui était là, sans frapper sur leur sœur ni se cogner contre un meuble.

Taper dans des coussins est un autre moyen de vous libérer d'émotions désagréables et de sortir ce qui est là, tout en l'acceptant. En effet, cela devient amusant. Vous vous regardez faire et vous prenez du recul. Ces diverses techniques permettent à l'adulte trop sérieux en nous pour permettre de dévier de son but, d'entendre l'enfant intérieur et de le laisser s'exprimer sans mettre de couvercle sur ce qu'il a à dire. Il est un moment où vous devez lâcher le poids de votre vie, en reconnaissant sa présence légitime et en décidant de le libérer. Il fait partie de la vie.

4.   Un autre outil consiste à réécrire vos mémoires cellulaires, juste avec le pouvoir créateur de la pensée. Par votre pensée, vous êtes capables d'activer ou de désactiver certains gènes et de transformer les mémoires cellulaires. Je pense que l'être humain est toujours en train de muter, à travers son ADN. En effet, seuls 3 % de l'ADN est fixe. Ce qui est peu. Vous avez la capacité de

modifier votre ADN avec l'aide de votre pensée. En effet, nous sommes incarnés dans un univers qui crée par la pensée. Imaginez votre pouvoir. Utilisez-le, pour le meilleur de vous-mêmes et des autres.

C'est ce que les nouvelles générations sont en train de faire. Aussi, soutenons ce mouvement. Ne cassons pas leurs rêves, mais soutenons-les : *"Allez-y. Rêvez. Oui, c'est possible."*

Et en même temps, ils croient bien plus en eux-mêmes et en leur pouvoir de création que nous-mêmes à leur âge. Nous avons atteint un autre niveau de conscience. Ce qui était étonnant pour nous est banal pour eux aujourd'hui. L'ADN humain a muté. En même temps, ce qui est fabuleux, c'est qu'ils seront étonnés par de nouvelles choses, comme nous. Personnellement, lorsque j'observe mes filles et leurs amis, je les trouve bien plus débrouillards que nous. Avec trois fois rien, ils arrivent à réaliser leurs désirs. Pas d'argent ? Pas de problème, allons dormir chez un ami. Ou à la belle étoile. Besoin d'un nouveau téléphone ? Pas de souci : j'ai un ami qui me vend son ancien téléphone à un super prix. Cette jeunesse est très solidaire. Ils croient en eux-mêmes. Ils ont un sentiment de valeur personnelle, que nous n'avions pas à leur âge. Je pense qu'ils vont faire de grandes choses.

Changez les règles du jeu

La situation difficile s'est améliorée à partir du moment où je me suis rappelée que je pouvais 'jouer' avec ma vie, et que je pouvais redéfinir les règles du jeu. C'est ce que je vous encourage à faire. Si une situation ne vous plaît plus, transformez-la en définissant de nouvelles règles du jeu, voire en créant un nouveau jeu. Spécifiez le cadre du jeu qui 'vous' correspond.

Et n'oubliez pas qu'en phonétique, le mot "jeu" peut également s'écrire 'JE'. Jouer c'est revenir au JE, à votre Être et votre essence, à l'ADN dont nous parlions. **Définir de nouvelles règles du jeu revient à vous créer un nouveau JE**, bien plus adapté à Qui vous êtes devenu.e.

Et lorsque vous décidez de 'jouer' avec votre vie, vous vous reliez à la simplicité de l'Univers. Vous redevenez Un.e avec la Nature et vous revenez dans le Flux. Bien-Être et Abondance redeviennent votre norme. Tout redevient 'simple et facile'.

Jouer sérieusement. Ce jeu/JE est 'sérieux'.

Je vous invite à continuer à jouer avec moi, tout au long des pages à venir et pendant douze mois – si tel est votre désir - et à être témoin des grands changements qui se produisent pour vous, en vous, et autour de vous – selon vos choix et vos valeurs.

Nous allons effectuer un fabuleux Voyage de Manifestation grâce au Pouvoir du Jeu !

PREMIER MOIS
Soyez un aimant à argent

Si vous lisez ce livre, et si vous êtes membre de la communauté AFICEA[7], vous êtes des créateurs, créatrices, artistes et artisans, ou coachs et thérapeutes, bref, des 'entrepreneurs spirituels'. En effet, vous vous êtes senti.es attiré.es par mon énergie et le message que je transmets, dans lequel j'essaye toujours d'équilibrer les actions pratiques - l'aspect matériel et physique de notre vie terrestre, à des actions plus spirituelles et plus liées au cœur et à l'âme.

Ce livre vous est dédié à vous, créateurs et créatrices, entrepreneures et entrepreneurs, qui **voulez aisément créer votre processus de manifestation financière propre.**

Pour ce faire, je vous invite dès maintenant à installer des fondations solides pour devenir un aimant à l'argent, un aimant à l'abondance, un aimant à tous les désirs que vous voulez voir se réaliser dans votre vie.

Si je me focalise sur l'argent plus spécifiquement dans ce livre, c'est parce que je sais que pour beaucoup, c'est le nerf de la paix à installer en vous. Mais il est évident que tout ce que je vous propose ici, vous pouvez l'adapter à d'autres domaines de votre vie. Nous allons parler de jeux financiers, mais sachez que ces jeux peuvent être utilisés dans d'autres domaines qui vous sont chers.

Depuis quelques années, je perçois beaucoup d'anxiété chez les créateurs et entrepreneures concernant l'avenir. Beaucoup de personnes se sentent accablées par les diverses tâches qu'elles

---

[7] Rejoignez la communauté AFICEA en vous inscrivant sur notre site https://aficea.com
ou sur notre page : https://www.facebook.com/Aficea/

croient devoir mettre en place pour réussir. D'autres encore courent dans tous les sens et font beaucoup de choses disparates sans avoir de plan clair.

Je me rends compte également que beaucoup d'entrepreneur.es recherchent la clarté, mais pas nécessairement au bon endroit. Ou, vous cherchez à avoir plus de liberté, plus de plaisir et d'amusement dans votre activité, votre emploi ou vos tâches quotidiennes, et vous ne les trouvez pas. Enfin, je vois aussi que beaucoup d'entre nous - et je m'inclus dedans, utilisons le jeu de l'attraction en le rendant beaucoup trop compliqué.

Mon intention dans ces pages est de vous aider à transformer cela.

En tant que formatrice et mentor, j'accompagne des personnes à tous les niveaux de succès. Et je constate que mes clientes de très haut niveau, qui manifestent aisément plusieurs millions d'euros par an, vivent aussi ce genre de difficultés.

Aussi, n'attendons plus et commençons ce voyage d'abondance dans l'amusement. Je vous invite à vous procurer un carnet de notes qui représente l'abondance que vous voulez voir se manifester dans votre vie dès maintenant.

Posez-vous cette question transformatrice :

Est-ce que je me sens totalement au contrôle et détendu.e face à la manifestation de ce que je désire dans ma vie ou dans mon activité ? Ou, suis-je trop dans le contrôle, sans laisser la source jouer son rôle dans la manifestation ?

Notez la réponse dans votre Carnet d'Abondance.

La solution, c'est de mettre plus de plaisir dans la manifestation de la réussite que vous désirez. Imaginez ce que ce serait pour vous que de ressentir plus de joie. Dès lors, comment pourriez-vous transformer votre attitude et votre état d'esprit pour que cette joie et ce plaisir soient plus présents dans votre quotidien ?

Il est facile, en réalité, de transformer une activité que vous adorez en un environnement de plaisir et de rentabilité, avec des rentrées à la hauteur de ce que vous voulez manifester. Cependant, la plupart d'entre nous avons tellement le nez dans le guidon que nous ne prenons pas le temps de faire une pause pour prendre du recul et mettre en place des tâches simples et aisées qui font exploser réussite et richesse.

La plupart d'entre nous, nous courrons après l'argent. Nous courrons après le temps. C'est cela qui nous empêche de trouver ce plaisir et cette joie que nous recherchons tant. Imaginez que les résultats miraculeux que vous recherchez ne sont qu'à une pensée de vous, à une seule petite pensée, différente et novatrice. Imaginez-vous gagner beaucoup d'argent.

Car, manifester et recevoir beaucoup d'argent n'est pas uniquement destiné aux 'génies du marketing internet ou des stratégies'. Non ! Prospérer dans votre vie dépend en majeure partie de votre attitude, et pas uniquement de stratégies.

Bien sûr que la stratégie est importante. Personnellement, j'aime enseigner des stratégies qui fonctionnent pour moi et pour mes client.es, et qui ont fait leur preuve virtuellement ou localement. Cependant, si vous n'appliquez que la stratégie, oui vous allez obtenir des résultats, mais à la sueur de votre front. Vous serez satisfait.e, mais au prix de votre santé, du stress ou de tensions dans vos relations familiales.

Si vous voulez obtenir des résultats qui dépassent votre entendement, jouez les jeux que je vais vous proposer. Car nous allons les jouer dans la détente, le plaisir et la joie. Nous allons transformer votre état d'esprit face à votre réussite et votre emploi ou votre activité.

Je vous propose ce genre de transformations ludique depuis une vingtaine d'année, à travers mes sites loi-d-attraction.com et aficea.com. Dans ces pages, je vous apprends de nouveaux jeux que j'adore jouer moi-même, et que je pratique pour pouvoir être encore plus attractive et magnétique.

Pour ce faire, nous allons utiliser les forces de votre état d'esprit mais aussi des actions inspirées, pour attirer vos bénéfices ou rentrées désirées de manière amusante. J'aimerais vous donner l'occasion de rire en pensant à l'argent et à l'abondance. J'aimerais que vous vous amusiez ce faisant et que vous veniez partager vos manifestations sur notre page Facebook[8] pour que nous puissions partager vos fous-rires et que nous puissions vous soutenir dans vos jeux. Ainsi, nous jouerons en équipe, dans la joie et le plaisir.

Donnez-vous la permission

Pour avoir de meilleures rentrées et dépasser vos résultats actuels, il est important de vous en donner la permission. J'en parle beaucoup dans Le Cercle de l'abondance financière[9]. Beaucoup d'entre nous attendent de recevoir une permission de l'extérieur. Face à une nouvelle décision, inconsciemment, nous attendons que quelqu'un d'autre - un parent, notre juge intérieur ou la société, nous donne le diplôme, les certifications ou l'autorisation de nous dire par exemple : « *Je suis un bon vendeur. Je suis une bonne commerciale.* », ou « *Oui, je suis crédible. Oui, je suis légitime.* ». Alors que c'est à nous-même de nous donner cette permission.

Comme vous, je suis allée à la pêche aux diplômes. Je suis allée à la recherche de la reconnaissance et de l'approbation de mentors extérieurs. Aujourd'hui, j'ai appris à équilibrer cette reconnaissance extérieure avec ma propre reconnaissance intérieure parce que je me suis rendu compte que plus je cherchais une mentore, une certification ou une autorité qui allait m'autoriser à

---

[8] Inscrivez-vous sur nos pages https://www.facebook.com/Aficea/ (si vous êtes entrepreneur.e ou si vous voulez le devenir) ou https://www.facebook.com/La.loidattraction/
[9] **Le Cercle de l'abondance financière** – Formation très complète qui contient 5 modules destinés à vous aider à équilibrer vos rentrées actives (issues de votre activité ou emploi) et vos rentrées passives (issues d'investissements, droits d'auteur, affiliations, etc.) https://aficea.com/go

me dire : « *Oui, tu sais bien écrire. Oui, tu sais bien vendre…* », moins je trouvais cette personne ou cette formation et dès lors, cette reconnaissance extérieure. Et si je la trouvais et que je la recevais, une partie de moi ne s'alignait pas sur la reconnaissance extérieure. Le '*Non, ce n'est pas vrai*' me poursuivait de l'intérieur. Il fallait que je me donne à moi-même l'autorisation de me dire 'grande coach', de me considérer 'grande leader' et de me savoir 'grande auteure', 'grande formatrice' et aujourd'hui 'grande investisseuse'.

Cette permission, cette autorisation que vous vous donnez, ne dépend que de vous. Et vos résultats pourraient suffire à vous la donner. Ou le fait que vous accompagnez déjà des client.es qui ont dépassé votre propre niveau d'abondance. Par exemple, vous coachez des personnes qui attirent dix fois plus que ce que vous gagnez. Or, souvent, même cela ne suffit pas à vous donner cette autorisation. Voilà comment votre mental vous freine face à ce que vous désirez croire sur vous. Vous offrir cette autorisation est une ligne que vous tracez dans le sable. Un moment sacré où vous vous reconnaissez à votre juste valeur.

Prenez une décision

A un moment, j'en ai eu assez d'aller voir à l'extérieur ce que je cherchais à l'intérieur de moi. Tout est parti d'une décision et d'un sentiment de ras-le-bol, le fameux "*Ça suffit* !" dont je parle souvent. Mon désir était plus grand que ce frein. Je voulais pouvoir offrir mes produits et mes services à des clients de haut niveau qui en avaient besoin et m'entourer de 'fans', ces personnes qui adorent ce que je fais.

Je me suis demandé pourquoi je n'arrivais pas à les contacter. Et j'ai compris qu'il était nécessaire que chaque jour - et si possible même chaque heure -, je réaligne mes croyances et mes pensées sur le fait de recevoir beaucoup d'argent en échange de mes services et de mes produits. Et cette décision de m'ouvrir à une plus grande abondance a fait ressurgir d'anciennes croyances limitantes.

Avez-vous remarqué comme, dès que vous accédez à une nouvelle spire de votre spirale d'expansion[10] grâce à la prise d'une nouvelle décision par exemple, les anciennes croyances et les anciennes peurs refont surface. Recevoir beaucoup d'argent en échange de mes services, est-ce que je me l'autoriserais vraiment ? Ou est-ce que je me répèterais encore, comme beaucoup d'entre vous : *Je dois offrir mes dons et mes talents gratuitement.* Cette croyance freine beaucoup de personnes qui veulent servir autrui.

Dès lors que je me suis disciplinée (en faisant un pas après l'autre) à changer mon paradigme intérieur de croyances vis-à-vis de mon activité et de la création d'argent, des choses étonnantes se sont produites. Tout d'un coup, j'ai commencé à attirer d'autres experts qui m'ont partagé leurs propres stratégies pour manifester beaucoup d'argent. J'ai ajusté mes conseils et la manière dont je les prodiguais pour ne plus compromettre mes valeurs, et être à l'écoute de ce que je désirais ardemment.

Cela m'a demandé du courage. J'ai mis tout mon cœur à l'ouvrage pour passer à l'action et à partir de là, j'ai considéré mon activité non plus comme une activité d'offres et de services gratuits, ce qu'elle était au tout début, il y a 20 ans maintenant. Avant les années 2000, sur Internet, tout était gratuit. Nous offrions des articles, des jeux, des pratiques et des conseils gratuitement. Mon attitude a basculé lorsque je me suis dit : « *Je n'ai plus envie que cette activité soit un hobby. Je veux qu'elle devienne un vrai travail, qui me donne envie de me lever tous les matins.* » J'ai décidé avant tout d'être à l'écoute des stratégies matérielles et spirituelles qui m'étaient inspirées de la Source (ou de mon intuition), et aussi celles inspirées des formations auxquelles j'assistais.

Et, j'ai décidé que mon activité me servirait de vortex de développement personnel et de créativité, un magnifique canal où je

---

[10] Voir le glossaire, en fin d'ouvrage, pour un complément d'information et un approfondissement sur la notion abordée.

pouvais exprimer ma créativité. Encore aujourd'hui, quand je considère mon activité uniquement comme un canal générateur d'argent, de résultats et de profit, il me manque une dimension, la dimension intérieure, de la relation, du cœur et de l'âme. Mais lorsque je la perçois comme un merveilleux canal d'expression de mon imagination, de mes inspirations guidées et de ma créativité, mon plaisir et mon enthousiasme font exploser le plafond de mes finances et de mes croyances limitantes.

Grâce à cette série de décisions majeures, en quelques années, j'ai doublé puis triplé mes rentrées. J'ai dépassé les six chiffres. J'ai atteint plusieurs fois six chiffres. J'ai dépassé le million de la manifestation financière dans le plaisir et la détente. Aujourd'hui, je considère mon activité comme un canal d'abondance mais surtout comme un canal de partage de ce qui est important pour moi, un vortex de relations de cœur à cœur avec vous et avec mes client.es, et un canal de créativité et d'imagination magnifique.

C'est ce que j'ai envie de vous partager dans ces pages. Je désire vous aider à joindre le faire et l'être. Quand l'être passe avant le faire et l'avoir, vous êtes gagnant.es sur tous les plans. Et plus vous êtes gagnant.es, plus ce gain augmente et se déploie.

Mieux ça va, et plus ça va ! Voilà une croyance que vous voulez développer.

En même temps, soyons sincères, une fois que vous attirez le succès et que l'argent commence à arriver, ou que les partenaires font la file devant vous, les anciennes peurs reviennent au premier plan, et vous commencez à avoir peur de voir disparaître cette réussite, et même de la voir disparaitre aussi vite qu'elle est arrivée. L'occasion vous est donnée alors d'affiner encore plus votre état d'esprit et votre attitude et de développer des croyances - et même la foi - que vous pouvez maintenir ce rythme et ce niveau de richesse.

Vous développez la confiance que votre activité va demeurer un canal de super-amusement, de super-créativité et de superrentabilité. Ainsi, vous continuez à reprogrammer votre cerveau vers votre prochain niveau de croissance. Vous définissez vos nouvelles valeurs. Est-ce de travailler moins, et de manifester plus ? Est-ce de continuer à développer votre activité pour atteindre un nouveau niveau de rentrées ? Ou, d'installer plus de moments où vous êtes dans l'instant présent, où vous prenez soin de vous, et de considérer que ces moments sacrés sont autant générateurs de rentrées que les moments où vous agissez et où vous appliquez des stratégies concrètes ?

Vous trouvez le moyen d'équilibrer la méditation, la visualisation, les promenades en forêt, les massages, les moments à vous et les moments de tâches plus concrètes. Et lorsque vous commencez à vivre cela - c'est ce que je vis depuis une dizaine d'années maintenant, vous vivez des transformations et des révélations incroyables. Vous recevez de nouvelles idées. Vous dépassez vos limites intérieures, et dès lors extérieures. Vous explosez vos plafonds financiers et les plafonds du succès que vous vous étiez imposés à vous-même. Tout cela en travaillant moins et en générant beaucoup plus de résultats rapides et élevés.

J'aime nous imaginer comme des oignons. En agissant comme je le décris ici, vous pelez votre oignon intérieur. Vous l'allégez de toutes ses couches de fausses croyances, de peurs et de limitations. **Vous vous rapprochez de votre Vérité**, ce diamant intérieur qui peut enfin rayonner votre lumière. Et cela devient votre plus grande motivation.

Vous ne développez pas votre activité uniquement pour obtenir des résultats concrets et financiers, des succès matériels, mais aussi parce que grâce à votre activité, vous devenez de plus en plus vrai.es et de plus en plus authentiques. Vous repoussez de plus en plus vos limites humaines, et c'est cela qui est le plus amusant.

Personnellement, je trouve très gratifiant de savoir que j'ai lâché une fausse croyance.

Que je me suis rapprochée encore plus de ma vérité, de mon

unité avec la Source.

Que j'ai développé ma capacité à laisser la vie faire les choses pour moi.

Que j'ai fait en sorte que ma vie soit plus agréable, aisée et facile.

Et surtout, que ma vie finance mes projets.

Que la Source en moi déverse son abondance sur mes idées, sur mes projets, et sur mes inspirations.

C'est ce que j'ai envie de vous proposer à travers les jeux dont nous allons parler dans les pages qui suivent. Attendez-vous à lâcher des fausses croyances, à libérer des peurs, à transformer des limitations. Tout cela en manifestant plus d'argent. Vous allez vous amuser, et dans votre amusement, votre joie et votre plaisir, vous serez un plus grand aimant financier.

C'est le bon moment de lancer l'élan ou de perpétuer l'élan que vous avez lancé l'année dernière. Donnez-vous la permission de mener votre vie et votre activité d'une manière qui soit authentique et unique pour vous. Vous pouvez mener votre vie, votre activité ou votre emploi, selon vos critères et selon vos valeurs. Personne d'autre que vous ne peut venir mettre des bâtons dans vos roues. Vous êtes la seule personne à pouvoir vous empêcher d'avancer.

Jeu d'Abondance

Je vous invite dès maintenant à décider de laisser entrer bien plus qu'assez d'argent dans votre compte en banque, chaque jour.

Votre mantra :

> ***Bien plus d'argent que nécessaire se manifeste devant moi chaque jour***

- Amusez-vous à faire vos calculs.

Combien voulez-vous gagner ou manifester sur l'année à venir ? Quel est votre but financier audacieux ?

• Ensuite, divisez ce montant par le nombre de journées durant lesquelles vous avez envie de travailler.

Est-ce deux cent vingt jours, comme dans le monde de l'emploi ? Ou est-ce que vous voulez prendre quatre mois de vacances ? Calculez le nombre de journées pendant lesquelles vous voulez être présent.e derrière votre ordinateur, devant des clients potentiels, ou au bureau. Et puis, calculez combien vous voulez gagner par jour, puis par heure. Ainsi, vous aurez une idée du nouveau tarif que vous voulez appliquer et du montant à manifester chaque jour, chaque heure, à travers le canal de votre activité ou par d'autres canaux. Vous pouvez décider que 50 % du montant arrivera par le canal de votre activité ou de votre emploi, et les 50 autres pour cent seront acheminés vers vous par de nouveaux canaux d'abondance qui s'ouvriront en cours d'année, même si vous ne savez pas encore lesquels.

Si vous voulez atteindre les sept chiffres, c'est-à-dire le million d'euros ou de dollars d'ici la fin de l'année (c'est un jalon important pour beaucoup de coachs ou de thérapeutes qui ont dépassé les six chiffres), sachez que cela correspond à 800 € de l'heure. Si vous voulez atteindre les six chiffres (cent mille euros), ce sera 80 € de l'heure. C'est juste un point de repère. Faites vos calculs pour vous approprier l'énergie du montant que vous voulez manifester.

Le montant de 800€ de l'heure, je l'avais calculé pour 220 jours de travail. Aujourd'hui, je travaille beaucoup moins que cela. Je travaille deux jours par semaine seulement. Le reste, c'est du plaisir et de l'amusement. C'est du travail sur mon activité et pas dans mon activité. C'est de la visualisation, et des moments d'être et de présence, où je me réaligne sur mes valeurs. Je vérifie si je suis toujours accordée sur ma vision, et je me place plus souvent dans l'être que dans le faire.

Tout au long des journées qui vont défiler devant vous, rappelez-vous que l'argent n'est pas nécessairement stressant. N'en faites pas un véhicule d'énergie de stress. Faites-en un support d'énergie d'amusement. Vous voulez en faire un pôle magnétique de joie et de plaisir. Un élément de votre vie que vous anticipez joyeusement en abondance, voire même en surabondance.

Pourquoi ne pas viser l'opulence ? Allez-y ! Choisissez l'opulence. Choisissez l'affluence d'argent, de clients, d'opportunités, de partenaires. Ainsi, vous pourrez vous focaliser plus sur l'amélioration de la qualité de ce que vous offrez, la qualité de votre être, la qualité de votre vibration. Et vous pourrez choisir très précisément comment vous passez votre temps, et à quoi vous le consacrez ce temps précieux.

Rappelez-vous que le temps, c'est la vie. À quoi consacrez-vous cette étincelle de vie, cette force de vie qu'est le temps ? Si votre intention pour les douze mois à venir est de placer votre vie entre les mains de votre 'être' et non plus seulement de votre 'faire', en réalité vous placez votre vie entre les mains de la Source. Parce que dans l'être, vous êtes aligné à 1000 % sur la Source. Vous êtes la Source. Dès lors, la Source tient les rênes de votre temps, de votre vie et de vos affaires et donc de votre argent aussi. Quelle légèreté de ne plus devoir vous en occuper vous-même.

Lancez votre intention pour les douze mois à venir

Quelle intention d'être lancez-vous ?
Quelle intention de faire lancez-vous ?
Quelle intention d'avoir lancez-vous pour les 12 mois à venir ?

Ensuite, demandez-vous : « *Étant donné mon intention d'être pour cette année, quel est le thème que je me choisis pour l'année ?* »

J'aime choisir un thème très imagé parce que je suis visuelle. Une année, j'avais choisi "vivre la vie de château" et comme par hasard, j'ai attiré le moyen d'organiser mes journées VIP dans un merveilleux château près de Châteauneuf-du-Pape. J'en ai organisé beaucoup cette année-là, et je me suis rendu compte que je vivais la vie de château sans nécessairement avoir besoin de posséder un château.

Ce thème que vous allez choisir, vous n'allez pas nécessairement chercher à le mettre en pratique par le 'faire'. La Source à l'intérieur de vous, sachant votre intention, va vous inspirer le moyen le plus aisé, le plus léger, le plus simple de vibrer ce que vous désirez vibrer.

Une autre année, j'ai choisi "une retraite en or" et je me suis rendu compte que la vie m'a amenée à prendre du recul par rapport à mon activité, à me 'retraiter' littéralement, en revenant à l'intérieur de moi pour faire de nouveau choix et prendre de nouvelles décisions plus alignées sur qui je veux être aujourd'hui. Parallèlement à cela, j'ai atteint mon 'or'.

J'ai atteint mon étoile du nord, et le niveau d'or que je voulais atteindre, en manifestant le but financier audacieux que je m'étais donné. Alors même que je ne voyais pas au début de l'année, comment y arriver. J'ai mis de côté le 'faire'. Je me suis autorisée à croire que la Source savait exactement comment faire pour m'amener à mon but. Ce n'est qu'en fin d'année, vers le mois d'octobre, que j'ai pu recevoir ce que j'avais demandé, parce que j'ai lâché prise. Je me suis dit : « *Je n'ai pas arrêté de faire tout ce que je pensais devoir faire pour y arriver. Aussi là, je demande un miracle. Je demande à la Source de s'en occuper.* » Le miracle s'est accompli à la fin du mois.

Moi aussi, grâce à ces outils et ces jeux, je continue à grandir. Mon but financier audacieux dépassait les sept chiffres. Mais je ne voyais pas comment le matérialiser sans rien faire d'extraordinaire, en début d'année. Le thème et le but financier choisis m'ont demandé de développer ma confiance et ma foi que l'univers savait comment je pourrais atteindre mon objectif. J'ai dû lâcher encore plus de couches de mon oignon extérieur pour pouvoir laisser encore plus rayonner mon diamant intérieur. Je suis à chaque fois émerveillée de voir comme le thème que je choisis m'amène à faire exploser les plafonds de croyances et de fausses limitations que je m'impose encore à moi-même.

C'est ce que je vous invite à vivre cette année. Choisissez-vous un but financier audacieux. Choisissez-vous un thème amusant, léger, grandiose qui vous fait sortir de votre zone de confort, mais pas trop. Et ensuite, laissez venir les idées d'actions inspirées à entreprendre. Peut-être, donnez-vous un défi – ou un jeu à jouer - pour les soixante jours à venir.

En définissant ce thème, nous apprenons à revenir dans l'être, et à jongler entre l'être et le faire tout au long de l'année. À partir de là, vous verrez que si vous vous focalisez trop sur le faire et l'avoir, vous allez bloquer les moyens par lesquels la Source pourrait vous inspirer à passer à l'action ou à recevoir plus simplement, ce que vous demandez.

Jouons à cela ce mois-ci. Définissez votre thème. Définissez votre être, faire, avoir. Définissez votre but financier audacieux et puis, laissez tout cela de côté et vaquez à vos occupations journalières. Laissez-vous inspirer les tâches à réaliser, qui vous procurent joie et plaisir tout au long de votre journée. Et voyez se déployer devant vous le plan idéal pour 'être un aimant financier' cette année.

Je vous souhaite joie, amour-propre et plaisir tout au long des journées de ce mois.

Que la joie et l'abondance vous accompagnent tous et toutes.

1 - MES ACTIONS INSPIREES
PREMIER MOIS

**Bien plus d'argent que nécessaire
se manifeste devant moi chaque jour.**

- Je définis mon thème pour les douze mois à venir.
- Je définis mon être, faire, avoir.
- Je définis mon but financier audacieux.
- Je vaque à mes occupations journalières.
- Je me laisse inspirer les tâches à réaliser, qui me procurent joie et plaisir tout au long de ma journée.
- Je regarde se déployer devant moi le plan idéal pour 'être un aimant financier' cette année.

VENEZ TÉLÉCHARGER VOTRE BONUS

Visitez la page qui vous est exclusivement réservée à vous, chers lectrices et lecteurs de ce livre :
https://aficea.com/abondanceensamusant
Téléchargez les 6 Jeux de Manifestation de l'Abondance, qui vous permettent de Jouer avec votre Allié, l'Argent, et de vous Installer dans le Flux de l'Abondance !

DEUXIEME MOIS
Quel est le carburant de vos rentrées

J'espère que vous vous êtes bien amusé.e avec les exercices proposés le mois dernier. Je vous souhaite une puissante année d'expansion, à la fois spirituelle et financière.

En tant que votre guide financière et spirituelle tout au long des pages de ce livre, j'ai beaucoup de plaisir à vous aider à maintenir une vision de vous en tant que personne pourvue de qualités divines que vous révélez, et certaines que vous aimeriez révéler. Je vous envoie beaucoup de belles pensées et n'oubliez pas de répéter très régulièrement que vous êtes Divin.e.

Votre mantra :

Je suis abondant.e. Je suis brillant.e.
Je suis généreux/se. Je suis libre.

Répétez-le. Lancez ainsi l'élan de ces douze mois de manifestation dans l'abondance.

Cette série de chapitres va vous encourager à développer l'abondance en vous amusant. Ces dernières années, j'ai adoré interviewer des collègues et expert.es et chacun.e d'eux me répète que le plaisir et l'amusement est un ingrédient majeur de la recette de son succès. Dès lors, renouez avec ce plaisir. Renouez avec cet amusement, surtout en cette période où beaucoup de personnes se sentent abruties par leur travail, autant les salariés que les employés ou les entrepreneurs individuels. Sortez de cet abrutissement et décidez d'amener plus de légèreté dans et à travers ce que vous faites, et vous verrez la différence.

Pour développer cette attitude de l'entrepreneur, de l'employé ou du salarié qui développe son abondance en s'amusant, je vous recommande de passer beaucoup de votre temps à célébrer tout ce que vous réussissez, à célébrer également les problèmes ou difficultés (que j'aime appeler des 'contrastes') parce qu'ils sont là pour vous montrer exactement la direction à ne pas suivre et dès lors, vous encourager à redéfinir la direction que vous 'voulez' suivre.

Prenez le temps d'utiliser ce mois pour célébrer l'amour qui règne dans le monde. Oui, il y en a beaucoup. On nous montre beaucoup de poches sombres de conflits et de guerres mais n'oubliez pas qu'il y a tout autant, si pas plus, de courants aimants et lumineux, d'amour et d'appréciation, qui circulent dans le monde. Vous voulez vous accrocher à ces courants. Vous voulez y contribuer. Rappelez-vous que chaque jour est une occasion de vivre un nouveau commencement, dans l'amour : dans l'amour pour vous-même, dans l'amour pour les autres, dans l'amour pour le monde. C'est ce qui se manifestera à l'extérieur, dans votre activité et dans votre vie.

Je vous invite à lire les pages de ce chapitre et parallèlement à cela, tous les mois relisez les actions inspirées du chapitre précédent, et utilisez les Six jeux de manifestation proposés dans le bonus[11] que je vous offre dans ce livre. Personnellement, j'aime relire les écrits et réécouter les audios des personnes que je suis, car à chaque lecture ou à chaque écoute, je reçois de nouvelles pépites qui me rappellent ce dont j'ai besoin d'apprendre ou d'approfondir au moment où je les écoute. C'est également une puissante manière de reprogrammer votre cerveau et de transformer l'ADN de vos cellules pour pouvoir vous rapprocher du sentiment de réussite ou de bien-être et d'apaisement que vous désirez.

---

[11] Visitez la page qui vous est exclusivement réservée à vous, chers lectrices et lecteurs de ce livre : https://aficea.com/labondancenensamusant/. Téléchargez le fichier des 6 Jeux de Manifestation qui vous permettent de Jouer avec votre Allié, l'Argent, et de vous Installer dans le Flux de l'Abondance !

Prenez le temps aussi de lire le chapitre et d'exécuter les exercices qui vous sont proposés parce qu'ils vous aideront à avancer plus vite. Comme j'aime le dire, pour retirer le meilleur d'un ouvrage, donnez-lui le meilleur de vous-même. Car nous recevons ce que nous donnons. C'est un cycle infini. Appliquez ce que vous lisez. C'est de cette façon-là que vous contribuez à cette communauté de lecteur qui grandit et qui creuse chaque fois plus loin sa réflexion et son expansion. Cela vous permet de devenir beaucoup plus autonome et d'avancer plus rapidement vers votre rêve.

Votre mantra :

*Je n'ai pas à essayer d'obtenir le succès
ou la réussite. J'ai juste à le décider.*

Aussi, décidez-le aujourd'hui et autorisez-vous à avancer pas à pas vers la réussite, en faisant appel à cet amour de vous-mêmes et à l'amour que vous ressentez pour les autres. L'argent, l'abondance et la réussite arrivent également à travers les autres. Et pensez à anticiper joyeusement magie et miracles. Anticipez chaque jour - et tout le temps, à chaque seconde - à l'intérieur et à l'extérieur de vous, de recevoir les miracles. Ainsi, vous vous placez en mode de réception et vous les recevez avec beaucoup plus d'aisance et de facilité. Cela devient votre nouvelle nature de ne pas anticiper le pire, mais au contraire d'anticiper toujours le meilleur sous forme de magie et de miracles.

C'est ainsi que nous contribuons à l'expansion de la race humaine, et à l'expansion des consciences en partenariat avec l'univers. L'univers veut votre réussite. L'univers veut votre abondance. Il sait que l'abondance est toujours là pour vous et il veut vous aider à la voir. Il veut vous aider à la recevoir. Placez-vous dans cette anticipation joyeuse et vous devenez un canal pur et transparent qui reçoit tous les bienfaits et toutes les bénédictions de l'univers.

Dans ce chapitre, nous allons découvrir ensemble quel est le carburant de nos rentrées. Lors du chapitre précédent, j'ai posé les bases de l'énorme fête à laquelle je vous convie tous et toutes - où vous êtes Invité.e d'Honneur. Vous allez apprendre à changer la manière dont vous générez l'argent à travers votre activité ou votre emploi, mais aussi dans votre vie, à travers votre attitude.

C'est un moment très important pour vous, pour votre vie et pour votre activité parce que vous allez manifester beaucoup plus de rentrées, tout en ressentant davantage d'amusement et de plaisir dans le processus. Vous êtes prêt.es. Si vous êtes ici c'est que vous êtes capable de le faire et que vous avez déjà décidé, comme beaucoup de personnes sur la planète, de ne pas laisser votre histoire financière passée dicter votre futur.

Jeu d'Abondance

Vous avez la capacité ici et maintenant de créer la vie et l'activité qui soutiendra le style de vie que vous désirez. Pour ce faire, vous voulez développer une vie et une activité 'autour' de ce style de vie rêvé. Clarifiez-le dès maintenant.

Je vous invite à poser votre livre, à prendre une feuille, à imaginer votre vie de rêve sans limitations, et à noter vos réponses à ces questions :

Comment voulez- vous passer vos matinées ?
Allez-vous les commencer par de la méditation, du yoga, de l'exercice, aller courir, aller vous promener ?
Allez-vous d'abord déposer vos enfants à l'école ?
Et comment se déroule vos après-midis ?
Clarifiez le déroulement de votre journée idéale.

Clarifiez également votre année idéale.
Combien de journées voulez-vous travailler par semaine ?
Combien de week-ends prolongés voulez-vous prendre chaque année ?
Des week-ends de trois jours, de quatre jours ?

Décidez cela maintenant.

Même si ce n'est pas faisable à vos yeux ici et maintenant, décidez que c'est votre style de vie idéal. Ainsi, votre inconscient va vous amener jusqu'à ce possible, jusqu'à cette probabilité, qui va pouvoir se matérialiser dans votre réalité.

Peut-être que vous voulez prendre les deux mois d'été de congé, partir un mois au ski ou au soleil en hiver. C'est vous qui choisissez. Vous choisissez tout ce que vous désirez vivre.

Vous le savez, une vie équilibrée, c'est ce qui nous apporte plus de joie. Aussi, décidez dès maintenant de la forme que prend cette vie équilibrée pour vous, parce que cette joie que vous allez pouvoir vibrer de plus en plus en vivant le style de vie que vous voulez vivre, attire vos rentrées. Cette joie, cet amusement et ce plaisir, manifestent vos rentrées, et vous ouvre à recevoir ces rentrées. C'est le carburant de votre succès.

J'aime les chiffres. J'aime jouer et j'aime jouer avec les chiffres et l'argent. Je crois que nous sommes créateurs de tout ce que nous désirons. Et donc aussi des pièces et des billets que nous voulons voir se manifester dans notre vie. J'ai développé la conviction que je crée l'argent dont j'ai envie. Beaucoup de personnes parlent plutôt de 'gagner' de l'argent. Je préfère croire que nous n'avons pas à le gagner, mais juste à accéder à l'abondance qui est déjà, là et à recevoir ce dont nous avons besoin pour vivre le style de vie que nous voulons vivre.

Je crée mon argent. Je crée la manifestation de l'argent dont j'ai besoin, au moment où j'en ai besoin et cela me détend de le savoir. Cela me détend de me dire qu'il est déjà là, que je n'ai pas à faire quoi que ce soit de spécial, que je n'ai pas à courir après les clients ou à me demander quelle stratégie de marketing je dois mettre en pratique pour l'obtenir. Non. Je crée la manifestation chiffrée de l'argent dont j'ai besoin, au moment où j'en ai besoin.

Bien sûr, j'expérimente des hauts et des bas comme tout le

monde, encore aujourd'hui. Et je sais que quand je vis des bas face à l'argent, si ces bas sont profonds, c'est que j'ai un énorme saut à faire. C'est qu'il y a une fausse croyance ou illusion - à laquelle mon mental s'accroche, qui est prête à lâcher. Et je travaille là-dessus. Je ne travaille pas sur "*Comment vais-je créer l'argent ?*" mais sur "*Comment lâcher l'illusion qui freine mon abondance à ce stade ?*" Sans nécessairement chercher à savoir de quelle illusion il s'agit.

Pour ce faire, j'élève ma vibration en me focalisant sur le plaisir, l'amusement, et la détente de jouer des jeux. « *J'ai envie de manifester tel montant. Allons-y.* » Ou je me refocalise sur des domaines qui me procurent facilement du plaisir, comme mes enfants, mon mari, nos aventures, nos projets. En remontant ainsi sur l'échelle des émotions, je sens partir tout doucement cette illusion. Les blocages liés à cette illusion disparaissent aussi, et l'argent ou les désirs réalisés peuvent se montrer.

Comme tout le monde, je vis des moments financiers difficiles dans mon activité, qui m'amènent chaque fois à un niveau plus profond de compréhension et de succès. C'est ainsi que j'ai compris que succès et réussite se trouvent juste à une nouvelle pensée de moi. A une nouvelle croyance à installer. La réussite n'est pas là-bas, tout au loin, difficile à atteindre. C'est juste une nouvelle conviction à mettre en place. Cela signifie que je peux avoir une recrudescence de rentrées, de bénéfices, ou de nouvelles manifestations financières, par exemple, à n'importe quel moment de mon année, et ces rentrées peuvent venir d'autres canaux que mon activité. Dès que je lâche une illusion, l'argent rentre. C'est magistral de pouvoir croire cela.

La réussite est juste à une nouvelle pensée de moi

Je vous invite à utiliser ce mantra lorsque vous avez l'impression de faire face à un énorme blocage. S'il y a blocage physique et matériel pour manifester l'argent ou vos clients idéaux, c'est qu'il existe une pensée illusoire ou une fausse croyance à lâcher pour pouvoir mettre en place une nouvelle conviction allant dans le sens de ce que vous désirez.

Vous voulez contrôler votre esprit et votre mental dans le bon sens du terme. Personne d'autre que vous ne peut être un obstacle à votre réussite.

Il est également important que vous cessiez de vous culpabiliser ou de vous blâmer d'avoir un blocage, parce que plus vous vous critiquez, plus vous renforcez l'impression de blocage. C'est vous qui décidez de ce qui se passe dans votre tête à chaque moment. En quelques secondes, vous pouvez transformer votre attitude et votre état d'esprit. C'est un choix et c'est une décision que vous prenez d'instant en instant.

Cette année, je vous invite à décider de faire un grand saut dans votre vie et dans la manifestation de votre abondance financière. Et ainsi, d'être sérieux et sérieuse face à votre décision d'obtenir des résultats magnifiques en changeant le jeu que vous jouez à l'intérieur de vous. C'est le changement intérieur qui garantira la manifestation extérieure. J'insiste beaucoup sur cette notion de jeu intérieur. Vous voulez transformer votre attitude intérieure. C'est le socle de votre réussite. Aussi, cessez de blâmer l'extérieur (le gouvernement, les élections, la crise, les 'riches') et revenez à l'intérieur de vous. C'est là que se trouve tout votre pouvoir. C'est magnifique de pouvoir se dire que nous avons le pouvoir de créer tout ce que nous voulons.

Cette année, décidez de créer des résultats magnifiques. Notez ces résultats très spécifiquement. Chiffrez-les. Amusez-vous à voir grand, à rêver grand. Autorisez-vous à les recevoir. En consacrant du temps chaque jour à cette nouvelle attitude intérieure que vous voulez développer, tout doucement la peur, les doutes, la honte peut-être aussi, vont disparaître. En effet, cette attitude que vous allez élever de jour en jour - ce ressenti émotionnel de mieux-être, de soulagement, d'espoir, et puis de confiance, et enfin, de conviction intérieure que tout est possible pour vous - va dissoudre les courants de peurs, de doutes et de honte auxquelles vous vous êtes peut-être accroché.e ces derniers temps.

Attendez-vous à de grandes transformations. Tout au long des chapitres à suivre, je vais vous proposer des jeux. Et je vais également vous offrir des exemples de ma propre vie, de ma propre expérience et de mon propre vécu. La transformation de ce jeu intérieur est la clé qui va vous permettre de transformer n'importe quelle stratégie commerciale, professionnelle, pratique, financière et autre, en une réussite dix fois plus puissante.

Vous allez continuer à vouloir mettre en place des stratégies pratiques, bien sûr, parce qu'elles vous amusent. Et vous allez décupler leurs effets grâce à votre état d'esprit. Cette nouvelle attitude que vous allez adopter va vous donner l'impression de ne plus avancer vers votre réussite comme dans une vieille cariole, mais bien de foncer vers le succès en voiture de course. Vous n'allez pas changer de modèle de voiture cependant. C'est le carburant que vous y injectez qui sera amélioré. Un état d'esprit nouveau, une nouvelle attitude puissante et confiante, serviront de carburant à ce véhicule générateur de rentrées qu'est votre activité et votre vie.

Imaginez une voiture sans carburant. Vous n'allez nulle part. Vous restez au bord de la route à regarder les autres passer, et vous vous sentez coincé.e. Même avec une magnifique voiture, sans carburant, vous êtes bloqué.e. C'est pour cela que j'ai écrit ce livre. Pour vous aider à développer des stratégies, non seulement concrètes mais surtout intérieures, qui vont soutenir vos stratégies extérieures et qui vont vous permettre de développer des rentrées nouvelles, incroyables et inaccessibles pour beaucoup de salariés, employés, créateurs, coachs, thérapeutes, ou entrepreneurs qui ne développent pas cette attitude et qui ne se relient pas à la Source en eux pour décupler leurs résultats. Tout cela, en travaillant moins que la plupart de ces personnes.

Ce sont des stratégies que j'utilise moi-même et qui m'ont permis de développer mon activité, de générer le style de vie que je désire en travaillant beaucoup moins et en ayant beaucoup plus de rentrées, de me créer de nouveaux canaux de rentrées qui m'ont fait dépasser les sept chiffres en quelques années.

Ainsi, si vous voulez développer vos rentrées et surtout votre plaisir et votre amusement, le carburant de votre succès, c'est l'attitude positive, l'attitude qui va dans le sens de ce que vous désirez et qui correspond à cette belle personne que vous voulez être, cette grande présence que vous voulez rayonner dans l'univers, à travers votre activité mais surtout à travers votre vie.

L'optimisme ne suffit pas. Je suis quelqu'un de très optimiste. Je suis quelqu'un qui, pendant longtemps, a développé son activité jusqu'aux cent mille euros ou six chiffres par an, en mettant en place toujours les mêmes stratégies avec toujours les mêmes résultats, forcément. Une partie de moi savait qu'en remettant ces mêmes stratégies en œuvre, je n'allais pas nécessairement avoir de meilleurs résultats, mais je ne savais pas quoi faire d'autre. Dès lors, d'optimiste, je suis devenue frustrée. Je ne mettais pas en doute la loi de l'attraction[12] puisque je l'applique et je vois qu'elle fonctionne bien dans ma vie. Je mettais en doute ma propre capacité à l'utiliser et à me focaliser d'une façon porteuse pour moi – de manière à obtenir ce que je désirais.

Je savais comment utiliser la loi, mais je traînais derrière moi des boulets liés à de vieilles histoires financières. Ces histoires que je me racontais encore et encore me faisaient prendre de mauvaises décisions qui ne me rapprochaient aucunement de mon rêve. L'optimisme, dès lors, ne suffit pas. Il constitue un élément intéressant mais il y a des mesures à prendre par ailleurs pour lâcher les boulets du passé.

Voici l'histoire financière que j'emmenais partout avec moi :
- *« Tu n'es pas une bonne leader. »*
- *« Tu n'en connais pas assez au niveau marketing. Tu n'as jamais suivi de cours. »*
- *« Tu as atteint ton sommet. Tu ne peux que dégringoler maintenant. »*
- *« Ça ne pouvait pas durer. »*

---

[12] Voir le glossaire, en fin d'ouvrage, pour un complément d'information et un approfondissement sur la notion abordée.

C'est ce que mon mental me répétait, jusqu'à ce que je décide d'élever mon état d'esprit et de m'inscrire à des formations novatrices, qui m'ont permis de renforcer ma confiance en moi au niveau intérieur et extérieur. Outre les nouvelles stratégies apprises, il m'a fallu transformer une histoire financière intérieure pesante pour 'm'autoriser à croire' que j'étais capable de réussir autrement.

Un dialogue pernicieux comme : « *Est-ce que tu vas seulement grandir un jour ? Il faut absolument que tu trouves la technique ou la stratégie idéale pour te développer.* » ou « *Tu as besoin d'encore plus d'argent pour pouvoir investir dans ton activité ; ainsi, tu feras plus de ventes.* » Toutes ces fausses croyances me retenaient de simplement faire appel aux agents de l'univers, de croire que les miracles et la magie de l'univers pouvaient fonctionner parallèlement aux formations qui m'ont permis de devenir experte dans certains domaines.

En tant que créateurs et entrepreneur.es de notre vie, nous sommes toujours des étudiants.

Consciemment, mais souvent inconsciemment, nous avons fait le vœu d'apprendre chaque jour quelque chose de nouveau. C'est cela, entreprendre. C'est cela, s'aventurer dans la vie de l'entrepreneur ou du créateur. C'est accepter que chaque jour nous apporte de nouvelles questions, et que les réponses vont nous arriver soit en demandant des informations, soit en demandant de l'aide, soit en nous ouvrant à les recevoir tout simplement - en nous mettant en mode de réception.

Dans ce chapitre, je vous propose d'observer l'histoire financière que vous vous racontez. Ces phrases aliénantes que vous vous dites sans même vous en apercevoir. Juste pour en prendre conscience, et puis, décider de les retourner comme une crêpe et de définir de nouvelles déclarations, pour créer de nouvelles convictions intérieures.

Jeu d'Abondance

Voici plusieurs moyens de résoudre vos problèmes financiers par la mise en place de nouvelles attitudes. Je vais vous partager ce que je fais lorsque je veux augmenter mes rentrées. Et je vous invite à le faire également.

1. Clarifiez à quoi va servir l'argent.

Si vous voulez une nouvelle rentrée d'argent, que ce soit une grosse rentrée ou une rentrée mensuelle, canalisez l'énergie de cette nouvelle rentrée vers sa destination souhaitée. Sinon cette augmentation ou cette nouvelle rentrée risque de disparaître tout aussi vite dans des canaux déjà existants. Si vous avez peur de perdre de l'argent, l'argent va disparaître. Si vous avez peur d'être cambriolé.e, vous risquez de créer ce genre de situation. Si vous avez peur d'avoir plus de taxes à payer, vous allez vous créer une situation où vous aurez plus de taxes à payer. Décidez où ira l'argent, et notez-le par écrit.

Par exemple, vous voulez 'une augmentation de 5000 € ce mois-ci'. Cela devient encore plus concret si vous ajoutez : « Avec ces 5000 €, je vais pouvoir m'offrir ce voyage autour du monde » ou « Je vais pouvoir faire ces travaux » ou « Je vais pouvoir rembourser telle dette » ou « Je vais m'offrir une nouvelle garde-robe ».

Vous activez l'énergie derrière le désir. Par ailleurs, vous vous assurez que ce désir se manifeste dans la bonne énergie. En vibrant cette énergie beaucoup plus élevée, vous manifestez votre désir bien plus vite également. Vous le recevez plus vite.

2. Prenez la décision claire et profonde que l'argent est déjà là.

Non pas, qu'il est en route. Non pas, qu'il va vous arrivez bientôt, dans quelques mois ou quelques années. Non. Il est déjà là.

Ensuite, jouez au détective privé. Enfilez votre imperméable et amusez-vous à vous poser la question : « *Si l'argent est déjà là, où est-il ?* » J'ai remarqué que cette question me permettait de constater souvent qu'un désir financier lancé il y a quelques temps – alors que mon mental me disait : « *Cela ne fonctionne pas. Ce n'est pas là. Cela ne marche pas.* », s'était manifesté en réalité. Je ne le vois pas parce que mon mental l'a banalisé et est déjà passé au désir suivant, ou parce qu'il s'obstine à vouloir qu'il se manifeste via un autre canal.

Quand vous croyez que l'argent n'est pas là, demandez-vous aussi : « *Où ai-je eu des rentrées d'argent que je n'ai pas notées, parce qu'une croyance me donne l'impression qu'il n'est pas à moi.* » Par exemple, l'une de mes clientes s'est soudain rappelée que son conjoint avait obtenu une augmentation du montant exact qu'elle avait demandé. C'est crucial de tout noter et de vous dire que le montant s'est déjà manifesté.

3.   Vous ne voulez pas vous forcer à trouver la manière dont vous allez augmenter vos rentrées, ou la manière dont vous allez recevoir cette expansion.

A la place, choisissez de créer un rituel de créativité – c'est un rendez-vous avec vous-même, pendant lequel vous laissez votre intuition vous dicter une <u>liste des moyens</u> par lesquels ces rentrées pourraient arriver.

Notez les moyens évidents, logiques et rationnels. Si vous offrez des programmes, si vous avez des flux de ventes réguliers, si vous attendez un bonus ou une promotion, ou la vente d'une maison, notez ces moyens évidents. Parallèlement à cela, notez les moyens plus inattendus, plus magiques, ces moyens dont nous rêvons tous. Par exemple, apprendre qu'un Oncle d'Amérique vous lègue sa fortune, trouver une enveloppe pleine de billets par terre, découvrir une enveloppe dans votre boîte aux lettres. Vous notez ces moyens farfelus qui vous font rêver et qui sortent de l'ordinaire. Enfin, attendez-vous à recevoir des idées de nouveaux moyens à des moments inattendus - sous la douche, en conduisant, en vous promenant. Restez ouvert.e à l'inattendu pour recevoir ces idées.

4.   Acceptez votre situation financière actuelle.

Tant que vous ne l'aimez pas, tant que vous la repoussez, tant que vous en parlez avec mépris, dédain, voire honte ou culpabilité, vous la réactivez. Cessez de résister à ce qui semble être une réalité financière, mais qui n'est que le reflet de vos pensées et de vos comportements passés.

Ancrez dans vos cellules que vous êtes en train de changer ce mode de fonctionnement par ces jeux que vous jouez.

Acceptez que tout est parfait. Prononcez le mantra : 'Tout est parfait'. Dites-vous : *Je ne sais pas pourquoi cette situation financière difficile est parfaite pour moi, mais je sais qu'elle est parfaite dans la grande vision de ma vie. Elle m'amène à lâcher une illusion et à changer de perspective. Elle m'amène à prendre une nouvelle décision. Elle m'amène à rentrer dans une nouvelle identité d'adulte confiant dans sa relation à l'argent.*

5. Laissez-vous inspirer une première action.
Rentrez dans ces vêtements d'adulte et décidez de ce que vous allez commencer à faire concrètement face à cette situation. Quelles sont les idées qui vous viennent ? Peut-être que vous pouvez demander de l'aide à quelqu'un momentanément, et mettre en place un plan de remboursement.

Changez d'abord votre perspective face à la situation et puis, sachez que vous pouvez transformer n'importe quelle situation à n'importe quel moment. Vous en avez la capacité.

Tout contraste que nous vivons, nous l'avons cocréé parce que nous avons les ressources intérieures et extérieures pour le transformer, sinon nous nous serions créé un autre contraste. Si vous vivez un contraste en ce moment, vous avez les moyens de le transformer. Cela demande souvent de lâcher certaines peurs et fausses croyances.
Amusez-vous avec ce jeu d'abondance puissant que je résume ici :
- décidez du montant désiré
- clarifiez où ira l'argent
- prenez la décision claire que l'argent est déjà là

- imaginez des moyens, logiques et farfelus, par lesquels l'argent pourrait vous arriver
- acceptez votre situation actuelle
- effectuez une première action

Ce jeu vous permet de clarifier ce que vous voulez réellement, d'accepter que ce qui se déroule dans votre vie est parfait, de vous amuser à dresser la liste de tous les moyens par lesquelles votre expansion financière pourrait arriver, et surtout, de prendre la décision sérieuse que l'argent est déjà là.

Si l'argent que vous avez demandé est déjà là, qu'est-ce que cela change pour vous, intérieurement et extérieurement ?
Quelle nouvelle idée vous vient ?
Quelle nouvelle action avez-vous envie d'entreprendre ?
Toujours en lien avec le plaisir et l'amusement puisque nous voulons être abondants 'en nous amusant'.

Ce n'est qu'en nous amusant que nous pouvons être véritablement abondants.

Jouez avec ceci. Prenez le temps de noter vos réponses avec plaisir dans votre carnet d'abondance. D'ici quelques semaines, vous relirez ce que vous y avez noté tout au long de ces douze chapitres, et vous verrez des résultats.

Pensez divertissement. Pensez amusement. Pensez détente. C'est de cette façon-là, que vous vous placez en mode de réception pour recevoir tout ce que vous désirez.

Que la joie et l'abondance vous accompagnent tous et toutes.

2 - MES ACTIONS INSPIREES
DEUXIEME MOIS

La réussite n'est qu'à une nouvelle pensée de moi

- Choisissez votre Carnet d'Abondance.
- Notez-y vos découvertes et succès.
- Pensez divertissement.
- Pensez amusement.
- Pensez détente.
- Ainsi, vous vous placez en mode de réception pour recevoir tout ce que vous désirez.

VENEZ TÉLÉCHARGER VOTRE BONUS

Visitez la page qui vous est exclusivement réservée à vous, chers lectrices et lecteurs de ce livre :
https://aficea.com/abondanceensamusant
Téléchargez les 6 Jeux de Manifestation de l'Abondance, qui vous permettent de Jouer avec votre Allié, l'Argent, et de vous Installer dans le Flux de l'Abondance !

TROISIEME MOIS
Les cinq étapes de la richesse

Parlons d'argent et de réussite. Au premier chapitre, nous avons vu comment être un aimant financier et nous affirmer comme tel. Au chapitre deux, nous avons cherché à mieux comprendre quel est le carburant de nos rentrées, et surtout, comment l'enclencher et nous remplir continuellement de ce carburant. Dans ce chapitre, nous allons voir les cinq étapes de la richesse financière.

J'espère que vous vous amusez beaucoup avec ces concepts et ces outils, que vous les mettez en pratique, et que vous voyez des résultats.

Soyez inarrêtable

Continuons à nous amuser tout en créant notre abondance, et en 'traçant' notre route. Tracez. Tracez. Tracez, pour devenir inarrêtable. Pour lancer l'élan, le maintenir et voir tous les agents de l'univers venir soutenir cet élan et l'amplifier. N'oubliez pas que vous tracez une voie unique pour vous, et une voix financière unique. Personne d'autre que vous ne peut manifester, attirer et recevoir l'argent de la même façon que vous. Il y a des milliards de façons de le faire et vous voulez développer votre voie personnelle et unique à ce niveau aussi.

En donnant le meilleur de vous-même à tout moment, vous recevrez le meilleur également, et vous deviendrez de plus en plus autonome. Voilà ce que vous voulez développer : l'autonomie, dans la sérénité financière.

Votre mantra :

Il vaut toujours mieux donner trop,
payer trop et aimer trop, que pas assez.

Etant donné que tout nous revient toujours, d'une façon ou d'une autre - et de manière démultipliée, si nous voulons bien le croire, il ne peut jamais y avoir de 'trop'. Aussi, donnez, payez, aimez beaucoup, parce qu'ainsi, vous êtes un aimant de super abondance, et vous attirez à vous exactement ce dont vous avez besoin.

Pensez-y dans ces moments où vous avez l'impression que vous vous êtes laissé.e embobiner ou qu'on vous escroqué de l'argent. Vous pouvez rayonner l'amour, et récupérer votre pouvoir en vous disant : « *J'ai fait un heureux de plus sur la planète, et je lui envoie tout l'amour et tout l'argent que je peux lui envoyer sous forme de lumière. Parce que de toute manière en m'ouvrant le cœur de la sorte, je sais que je m'installe dans le flux de l'abondance et même de la surabondance.* »

Comment traverser les creux de la vague

Dans ces moments où nous nous sentons dans le creux de la vague - et cela nous arrive à tous les niveaux d'évolution, à chaque nouveau cycle et à chaque nouvelle spire sur notre spirale d'expansion, nous redevenons fragiles, vulnérables et sensibles. Sans le vouloir, nous pouvons nous créer des difficultés, des contrastes et avoir l'impression de déprimer devant le flux apparemment sans fin, ou le 'cercle vicieux', des mauvaises nouvelles qui arrivent.

Il y a une fin à cela, heureusement, qui dépendra du moment où vous allez décider de changer d'attitude. C'est toujours vous qui avez le pouvoir. C'est toujours vous qui allez dire : « *Stop. J'arrête de m'enfoncer dans ce courant d'énergie et de pensées négatives, ou de rencontres désagréables, et je choisis de lancer l'élan dans l'autre sens : vers la confiance en la vie, la confiance en la magie de l'univers, ma confiance en moi, une assurance délibérée, entretenue, pratiquée et qui dès lors se manifeste de plus en plus. Je veux renverser la tendance dans laquelle je me suis laissé.e enfoncer. »*

Cela demande du courage, parce que cela veut dire que vous décidez de ne plus blâmer autrui pour votre propre situation.

Et vous allez vous dire plutôt : « *Comme c'est fascinant ! Je me suis créé une situation où je n'arrête pas d'avoir de mauvaises pensées, où je n'arrête pas de croire qu'on m'a jeté un sort, où je n'arrête pas d'attirer des personnes qui semblent me vouloir du mal ou qui semblent ne pas aller dans la même direction que celle que j'aimerais suivre. »*

En reconnaissant cela, vous récupérez votre pouvoir de décision.

Ensuite, à un moment, vous allez décider : « *Stop. Stop. Stop. J'en ai assez de vouloir forcer les choses. Je vais arrêter d'être dur.e avec moi-même. Je vais arrêter de m'en vouloir. Je vais arrêter de me juger. »*

En effet, vouloir forcer les choses à se réaliser provient d'une vibration de désespoir, d'une vibration de peur ou d'une vibration de manque. C'est ce qui fait que nous cessons d'attirer nos désirs, notre argent et nos rêves. Cette énergie les repousse.

Ainsi, vous apprenez à dire : « *Stop. Ça suffit. J'arrête de vouloir manipuler ou forcer les choses. »*

Ensuite, vous prenez une feuille de papier et vous notez tout ce qui semble ne pas aller bien. Vos dépenses ? Les factures ? Les dettes ? Un patron ? Des collègues ? Vos clients qui ne sont plus idéaux pour vous ? Certains fournisseurs qui ne répondent plus à vos attentes ? L'économie ? Les taxes ? Vous notez cela.

Enfin, vous choisissez de vous pardonner d'avoir créé cela. Vous vous pardonnez, pour cesser de vous en vouloir. Il s'agit de vous abandonner aux circonstances, de les accepter telles qu'elles sont. Cessez de résister à ces circonstances. Cessez de leur en vouloir et de vous en vouloir. Cela ne veut pas dire que vous laissez tomber les bras. Pas du tout. Vous faites juste la paix avec ces contrastes, que ce soient les dettes, un manque de trésorerie, le sentiment d'impuissance que vous avez ressenti pendant tout ce temps. Vous faites la paix avec tout cela. Vous lâchez prise et immédiatement, vous allez sentir une forme de soulagement. Vous n'allez plus accepter de descendre plus bas sur ce cycle du manque d'estime de vous-même, du manque d'amour propre, ou de confiance en vous.

Le fait de jouer ce jeu ou de faire ce petit exercice ne va pas modifier vos circonstances, mais bien votre attitude. Et comme tout part de votre attitude, vous vous sentirez à nouveau inspiré.e. En effet, **en faisant la paix en vous, vous vous élevez sur l'échelle des émotions et vous vous ouvrez aux inspirations** qui vous viennent grâce à votre vibration plus élevée. Le carburant de votre bien-être va pouvoir jouer son rôle. Il va à nouveau pouvoir faire tourner votre moteur et amplifier votre enthousiasme.

Je vais vous donner une **liste de cinq étapes** que je mets en pratique dans mes moments de creux les plus profonds, que je réutilise à chaque fois et qui vont vous aider à vous ouvrir à la richesse dans votre vie et votre activité.

1.   Récupérez votre pouvoir de création à l'aide d'un plan.
Vous récupérez votre pouvoir en choisissant de retrouver votre enthousiasme et de vous créer un plan - par exemple pour rembourser vos dettes, pour attirer plus de clients, pour manifester plus d'argent ou pour demander une promotion. Un plan qui établit vos priorités en fonction du plaisir et de l'amusement que chaque action va vous apporter et de la quantité de revenus générés par chacune de ces actions.

Exemple de plan :

a.   Réviser mon manuscrit d'ici la fin du mois - FUN+++ - revenus à long terme

b.   Inscrire une nouvelle cliente de haut niveau avant le … - FUN +++ - revenus immédiats à 4 ou 5 chiffres

c.   Lancer mon cours en ligne XYZ avant le … - FUN++ - revenus immédiats à 2-3 chiffres

d.   Partenariat avec X – FUN+++ - revenus à long terme

Je choisis comme priorité le point b : FUN +++ et revenus immédiats les plus élevés

Même si vous ne savez pas comment vous allez les mettre en place, même si vous ne savez pas comment l'argent va arriver à travers telle ou telle idée, vous notez vos priorités.

2.   Choisissez de vous focaliser sur un élément abondant de votre vie

Si vous êtes coach ou formatrice, vous avez certainement des client.es que vous adorez. Elles sont très agréables. Vous vous focalisez sur eux. Avez-vous remarqué que la plupart du temps, lorsque nous recevons un courriel d'un client ou d'une collègue qui n'est pas content.e, nous oublions les quatre-vingt-dix-neuf autres courriels reçus de client.es ou de collègues super contents.

Vous voulez modifier cette habitude aliénante en plaçant en priorité sur votre liste de focalisation ces clients heureux et ravis, qui vous recommandent et qui se réinscrivent. Vous leur 'donnez' votre attention, votre focalisation, votre énergie, et de la sorte, vous modifiez votre énergie. Vous vous focalisez davantage sur cet amour et cette appréciation que vous ressentez pour eux et vous décalez ainsi l'attention démesurée que vous aviez placée sur le manque de clients idéaux ou le manque d'argent, vers l'appréciation de celles qui sont déjà là et de l'argent qui est déjà là.

3.   Développez une pratique journalière qui vous permet d'amplifier votre confiance en vous

Il peut s'agir de mieux vous organiser, d'organiser votre bureau, ou de mettre de l'ordre chez vous. Choisissez une pratique journalière qui vous permette de vous sentir mieux, comme par exemple, courir, vous promener, danser, chanter, cuisiner.

Le rangement vous mène vers plus de clarté. Il vous fait découvrir des trésors inattendus, tel que de l'argent caché dans une enveloppe ou dans de petites boîtes, des cartes de visite de clients ou de partenaires que vous aviez oublié de rappeler, des objets qui vous rappellent de bons souvenirs. Ainsi, vous vous focalisez sur autre chose que l'impression de manquer d'argent, de clients ou de bonne santé. En plus, vous entrez dans l'action.

Dans l'action, vos cellules qui sont programmées pour le bien-être, peuvent également mieux vous guider vers le mieux-être. Le mouvement réactive le carburant de vos cellules et de vos pensées vers un sentiment d'efficacité et de clarification.

4.   Cherchez des signes positifs
Vous voulez reconnaître ces signes, et apprécier chaque pas en avant que vous faites. Recherchez les signes clairs que vous avancez vers votre but, qu'il s'agisse de plus d'argent, de clarté, ou d'élévation sur votre échelle émotionnelle. Cherchez les signes et notez-les dans votre Carnet d'Abondance.

5.   Concentrez-vous sur la transformation et pas sur les résultats liés au temps
Votre mental veut avoir des preuves concrètes que la manifestation de vos désirs fonctionne. Or, l'important, c'est de vous focaliser sur la transformation que vous vivez au cours du processus, et non pas sur les résultats temporels. Oui, vous pouvez vous donner un délai, à condition de le lâcher ensuite pour pouvoir juste être dans l'instant présent et corriger votre cap au fur et à mesure des signes que vous voyez apparaître.

Chaque jour, vous faites ce que vous pouvez pour améliorer, affiner ou clarifier votre situation financière par exemple, sans nécessairement vous imposer la pression d'un délai. Personnellement, j'aime prévoir une date. Cependant, j'ai développé l'habitude de corriger mon alignement et de l'affiner plus je me rapproche de la date sinon, mon mental me met la pression et je risque de vouloir forcer l'obtention des résultats. Je me fatigue. Je m'épuise et je rentre dans le Cycle du 'tout ou rien'. Je donne 'tout' pour obtenir les résultats voulus, et ensuite, j'ai besoin de me reposer et je ne fais 'rien' pendant dix à quinze jours avant de pouvoir reprendre. C'est ce cycle qui nous met sous pression, parce que ce n'est pas vivable.

Dès lors, avancez pas à pas. Focalisez-vous sur qui vous devenez au cours de ce processus et modifiez votre attitude petit à petit. Par exemple, si vous cherchez à rembourser des dettes, vous voulez vous rendre compte que le remboursement de ces dettes va vous aider à devenir quelqu'un d'autre. Ce processus vous aide à changer vos fausses croyances face aux dettes, face à l'argent que vous devez à telle banque, à telle assurance ou à tel ami. C'est cela qui est intéressant. C'est le processus de développement personnel à travers lequel vous passez pour arriver à votre but.

Cherchez les signes émotionnels avant tout

Peut-être qu'au début vous ne verrez pas beaucoup de signes concrets. Vous verrez davantage de signes émotionnels. Vous vous sentirez de mieux en mieux, de façon plus régulière. Vous attirerez des personnes plus positives et plus agréables à vivre. Ces signes émotionnels sont les prémisses des signes matériels. Si vous ne les reconnaissez pas, si vous les banalisez ou si vous les reniez, vous vous empêchez de rester à ce niveau vibratoire élevé, et même de continuer à l'élever et recevoir la manifestation physique.

Notez tous les petits incréments d'émotions plus agréables que vous vivez, et l'élan va se développer. Vos émotions autours de la réussite et de l'argent vont se stabiliser et vous n'allez plus vivre de chaos émotionnel ni de montagnes russes émotionnelles. À partir de là, vous verrez que la magie de l'univers va prendre de l'ampleur. Si vous aviez prévu de rembourser des dettes, vous verrez certaines dettes se rembourser plus vite que prévu. Vous ouvrirez de nouveaux canaux d'argent tout à fait inattendus. Vous pourrez peut-être même vous offrir un voyage. Quelqu'un va vous offrir une nouvelle voiture. Vos clients seront de plus en plus nombreux.

Cela commence toujours par la conviction que vous êtes capables d'y arriver, et le choix de cesser de vous plaindre. Voilà, à mon sens, dans la société actuelle, l'une des raisons premières du sentiment d'échec de beaucoup de personnes. Elles se complaisent dans la plainte ou la victimisation : « *Pauvre de moi. Regardez tout ce que j'ai fait et je n'ai toujours pas de résultats.* ». Transformez cette habitude qui vous freine et vous nuit.

Les cinq étapes décrites plus haut constituent à mon sens une formule gagnante, même si de l'extérieur vous pourriez les trouver 'banales' voire 'basiques'.

Imaginez. Sans mettre en œuvre de nouvelles stratégies de marketing, sans créer de nouveaux produits, vous utilisez ces cinq étapes, et petit à petit, vous gagnez de plus en plus d'argent. Vous devenez un canal de plus en plus ouvert pour l'abondance. Vous vous sentez de mieux en mieux. Vous vivez un style de vie relié à vos valeurs, comme la valeur de la liberté, de l'espace, de la lumière, de l'abondance, et tout d'un coup, vous vous rendez compte que l'élan est là. Vous pouvez mettre de plus en plus d'argent de côté. Vous n'avez plus aussi souvent peur face à l'argent.

Et vous commencez à prendre de nouvelles décisions puisque vos circonstances changent. Vous vous dites : « *Maintenant, j'aimerais travailler moins et gagner toujours autant, voire plus.* »

Vous savez désormais où effectuer le changement, non pas dans des stratégies ou des formations de marketing, mais dans votre attitude avant tout.

Vous reprenez les cinq étapes et vous recommencez le cycle à un autre niveau de conscience, sur une nouvelle spire, et là, vous

vous rendez compte que vous détenez la formule du succès et que même si, à chaque nouvelle spire, vous risquez de retomber dans une émotion plus basse, par exemple la peur de rater ou la peur de réussir, vous possédez maintenant la recette pour transformer cela de plus en plus vite.

Ce que je vois souvent chez les personnes qui appliquent cette recette du succès, c'est qu'une fois que l'élan a pris et qu'elles voient les résultats se manifester - qu'elles voient de plus en plus d'argent rentrer, ou de plus en plus de clients s'inscrire, la nouvelle spire leur tend les bras – celle qui les invite à s'ouvrir à quelque chose de plus grand encore, à quelque chose qui élargit encore plus leur zone de confort, et souvent, cela leur fait très peur.

Les spires du succès

Nombreuses sont les personnes dans la société actuelle qui parcourent la spire de la survie, celle du "juste assez". Sur la spire juste au-dessus de celle de la survie, la spire du confort, vous vivez un style de vie où vous pouvez vous offrir de petits luxes. La spire suivante vous inspire à vous ouvrir au succès, aux millions, à ce qui paraît inaccessible à la majorité des gens aujourd'hui. La pression de la société autour de nous est très forte pour nous encourager à ne pas y croire. C'est pour cela que la résistance est énorme et que beaucoup de personnes ont du mal à voir grand et à se dire que c'est possible. C'est la spire dans laquelle vous vous lancez dans de grands projets et où vous sentez que le moment est venu pour vous de décider que vous avez suffisamment de ressources pour le faire dans le plaisir. Vous vous amusez à imaginer le faire et vous demandez de l'aide à vos collègues. Vous commencez à créer des partenariats avec les autres. C'est la spire où vous voyez que vous pouvez doubler, tripler voire quadrupler vos rentrées, grâce à ce sentiment de confiance en votre capacité à augmenter continuellement vos rentrées et votre joie.

Comment développer la confiance en soi

Voici quelques éléments qui peuvent vous aider à comprendre comment rentrer dans ce nouveau cycle de confiance en soi.

* Personnellement, j'ai cessé de me presser. J'ai retiré le mot "urgence" de mon vocabulaire et dès lors du champ de toutes les relations que j'entretiens avec mes partenaires, clients, fournisseurs, équipe, proches, etc…

* J'ai également cessé d'utiliser les stratégies que j'utilisais depuis toujours. Je les ai lâchées petit à petit, avec confiance. Avec peur aussi, mais la confiance était plus importante que le sentiment de peur du vide que cela créait en moi.

* J'ai cessé d'avoir un comportement lié au manque d'argent. Comme par exemple ne pas investir en moi-même ou dans certains domaines de mon activité, choisir des cours et des formations gratuites ou qui coûtent le moins cher.

* J'ai cessé de me dire que je n'étais pas bonne en vente ou en marketing. J'ai lâché toutes ces phrases qui me minimisent.

* J'ai cessé d'agir comme si je savais tout, alors que ce n'est pas le cas. C'est un des grands écueils du leadership. Dès que vous êtes arrivé.es au bout d'une spire, vous vous sentez leader de votre marché, de votre spécificité ou de votre expertise, et l'égo en arrive souvent à vous faire croire : « *Je sais tout ça déjà. Je n'ai plus besoin d'apprendre quoi que ce soit dans ce domaine.* » Le passage à une nouvelle spire, choisi ou non choisi, nous ramène dans l'humilité nécessaire pour pouvoir continuer à avancer et apprendre de nouvelles choses.

* Et surtout, j'ai cessé de me plaindre. Par exemple quand je m'inscris à un programme ou que j'achète un produit et que je n'obtiens pas les résultats souhaités, j'ai cessé de me plaindre intérieurement (« *Je suis nulle. Pourquoi est-ce que tous les autres réussissent et*

moi pas ? Pourquoi est-ce que je n'ai pas pris le temps d'aller jusqu'au bout ?), et extérieurement auprès de la personne elle-même. Cessez toute plainte et critique, parce qu'elles vous tirent vers le bas.

Voici ce que j'ai fait à la place :

• J'ai commencé à assister à des ateliers et à des événements, pour me faire de nouveaux amis, et créer de nouvelles rencontres et de nouveaux partenariats avec des personnes qui correspondent à ma vibration - plutôt que de continuer à me cacher derrière mon ordinateur comme j'avais fait pendant les premières années de mon activité d'indépendante.

• J'ai commencé à faire appel à des expertes que je payais à leur juste valeur, pour obtenir leur aide et échanger sur les stratégies qu'elles me recommandaient, et sur leurs meilleures pratiques.

• Je me suis installée dans l'anticipation joyeuse de dépasser mes buts financiers audacieux. Pas seulement de les atteindre, mais de les dépasser.

• J'ai investi dans une équipe d'experts pour qu'ils m'aident à élever le niveau de succès de mon activité.

• J'ai alterné les offres me permettant d'obtenir une rentrée de trésorerie rapide voire immédiate, comme les journées VIP, avec des événements, programmes et ateliers, qui me procurent des rentrées à plus long terme.

• J'ai décidé de mettre une intention sur chaque tâche que j'entreprends dans ma vie ou mon activité. La plupart du temps, nous suivons notre 'liste de choses à faire' sans trop réfléchir. C'est intéressant de mettre une intention sur chacune de ces tâches parce que l'intention que vous lancez envoie un message à l'univers et vous place instantanément dans le désir déjà réalisé. Ainsi, la tâche, vous l'effectuez avec une vibration choisie et avec le soutien des agents de l'univers, puisque vous êtes délibéré.es et conscient.es dans votre action.

- J'ai décidé de m'amuser bien plus dans tout ce que je fais. Et de trouver un angle de plaisir et d'amusement pour toutes les tâches à réaliser.

- Et, j'ai décidé d'agir comme une vraie leader et présidente-directrice-générale de mon activité, plutôt que comme une entrepreneure en difficulté. J'ai pratiqué le fait de me mettre dans la peau de cette grande leader qui a de superbes résultats et qui réussit, même si ce n'était pas encore le cas. C'est une belle façon d'anticiper les résultats désirés.

Jeu d'Abondance

Quels sont les changements que vous aimeriez apporter dans votre activité ou dans votre vie aujourd'hui pour changer radicalement le niveau de rentrées que vous manifestez ?

Vous allez créer votre propre recette, que vous pourrez enseigner par la suite. J'espère que l'amusement et le plaisir seront des ingrédients clés de cette recette parce qu'à mon sens aujourd'hui, c'est ce qui manque le plus aux créateurs, salariés, employés, cadres, coachs, thérapeutes et entrepreneurs. La notion d'amusement.

Rappelez-vous : plus nous nous amusons, plus nous sommes abondants.

Choisissez le langage approprié

Un autre élément important, c'est le langage que vous utilisez.

Vous le savez, vos pensées créent la manifestation tangible, parce qu'elles génèrent des émotions qui sont des vibrations, des ondes ou des fréquences, et ces fréquences 'créent' dans notre univers de pensées créatrices. Or, nos mots émettent également une vibration. Et souvent, nous utilisons nos mots à tort et à travers, sans faire attention à la vibration qui les sous-tend.

Vous voulez être de plus en plus conscient.es des mots que vous utilisez, lorsque vous parlez de votre succès, de vos désirs réalisés, ou de vos objectifs financiers et autres.

Votre langage a un impact énorme sur votre capacité à créer la richesse dans votre vie et dans votre activité, parce que vos mots révèlent vos émotions. Au moment où vous les prononcez, vous pouvez immédiatement savoir comment vous vous sentez.

La manière dont vous vous sentez provient de vos pensées. Dès lors, si vous voulez modifier votre énergie – pour passer de l'entrepreneur.e qui a du mal à joindre les deux bouts à la chef d'entreprise qui a du succès, pensez à changer votre langage.

Utilisez un langage qui vise la réussite ou qui vise qui vous voulez être, pour pouvoir attirer le résultat voulu. La manière dont vous vous parlez à vous-même, la manière dont vous communiquez avec votre être intérieur, ou avec les autres à travers votre marketing, peut vous aider à amplifier vos rentrées.

Il existe des mots qui augmentent instantanément votre enthousiasme et votre sentiment de plaisir. Lorsque votre enthousiasme grandit, votre activité et vous-même devenez beaucoup plus attractif pour vos clients idéaux.

Le secret de la magie du langage idéal pour vos clients idéaux, c'est de le ressentir, de le sentir vrai et comme déjà réalisé dans vos cellules. Par exemple, je peux dire que je vais lancer ce programme qui va me rapporter un million d'euros, mais cela ne veut rien dire si je ne soutiens pas cette phrase par une émotion qui résonne pour moi. Si, par exemple, je dis les mêmes mots en me tenant debout bien droite, le torse en avant et pleine d'anticipation joyeuse, je vais me sentir tout excitée en prononçant cette phrase et je vais me sentir très enthousiaste à l'idée de mettre en place des actions qui me sont inspirées pour obtenir ce résultat. Je vais avoir envie de m'y mettre. Je vais m'amuser à l'idée de le faire.

Trouvez les mots qui vous procurent ce sentiment de plaisir. Moi, j'aime le mot "génial" : « *Je vais lancer ce programme que je trouve génial et qui va me rapporter une abondance d'argent.* »

Les mots : géniaux, abondant, merveilleux, magnifique, puissant, florissant, prospère, sont des mots qui m'énergétisent énormément et qui me donnent envie d'entrer dans mon pouvoir. D'autant plus lorsque j'utilise une nouvelle stratégie - où j'ai décidé de créer par exemple un nouveau canal de rentrées alors que je ne l'ai jamais fait et que les peurs sont là. Ces mots me réénergétisent et me replacent immédiatement dans l'envie d'explorer et de tester, pour l'amusement et le plaisir. Lorsque je poursuis un but qui me fait peur, la première chose que je fais, c'est de faire attention à mes mots et à ce que je me dis face à ce projet.

Si, par exemple, je m'entends dire : « *Si ce lancement ou ce projet fonctionne--* », je m'arrête immédiatement et j'essaye de repérer comment je me sens par rapport à ma capacité de réussir le lancement. Et même si je ne peux pas repérer exactement la peur ou la pensée limitante qui est là, je sais qu'elle ne me sert pas. Elle ne me fait pas du bien. Donc, je décide d'immédiatement de changer mon langage en, par exemple : « *Parce que mon lancement va être génial et fructueux, je me sens inspirée à faire ceci.* » Vous voyez ? Vous changez la vibration avant même d'imaginer ou de recevoir l'action inspirée et là, je ressens le pouvoir de ces mots dans mes cellules. Je répète ces phrases. Elles deviennent une vérité. Je commence à vivre ces mots-là comme s'ils s'étaient déjà réalisés, et j'entreprends des actions qui les soutiennent.

Les mots ne sont rien sans les pensées, les émotions et les actions qui les soutiennent. Aussi, voici ce que je vous invite à faire.

-    Repérez les mots, phrases et langage qui vous tirent vers le bas, surtout lorsque vous êtes face à un nouveau défi, ou à un nouveau jeu que vous voulez jouer.

- Transformez-les. Placez-vous dans la vibration : « *C'est déjà réalisé. Mon succès, ma réussite, mon argent, mon abondance sont déjà là, et parce qu'ils sont déjà là, voilà ce que je me sens inspiré.e à faire.* »

Je vous souhaite beaucoup de plaisir avec ceci. Pensez à placer votre focalisation sur votre transformation émotionnelle, et sur la transmutation de votre ADN, plutôt que sur la recherche de preuves ou de résultats tangibles. Ressentez qui vous devenez en faisant tout cela.

Que la joie et l'abondance vous accompagnent tous et toutes.

3 - MES ACTIONS INSPIREES
TROISIEME MOIS

Il vaut toujours mieux donner trop, payer trop et aimer trop, que pas assez.

- Repérez les mots, phrases et langage qui vous tirent vers le bas.
- Transformez-les en vous disant : « *C'est déjà réalisé. Mon succès, ma réussite, mon argent, mon abondance sont déjà là, et parce qu'ils sont déjà là, voilà ce que je me sens inspiré.e à faire.* »
- Placez votre focalisation sur votre transformation émotionnelle, et sur la transmutation de votre ADN.
- Ressentez Qui vous devenez ce faisant.

VENEZ TÉLÉCHARGER VOTRE BONUS

Visitez la page qui vous est exclusivement réservée à vous, chers lectrices et lecteurs de ce livre :
https://aficea.com/abondanceensamusant
Téléchargez les 6 Jeux de Manifestation de l'Abondance, qui vous permettent de Jouer avec votre Allié, l'Argent, et de vous Installer dans le Flux de l'Abondance !

QUATRIEME MOIS
La pilule de la détente

J'espère qu'une fois de plus, vous vous êtes bien amusé.es avec les exercices du chapitre précédent, et les concepts mis en œuvre et dont vous voyez certainement déjà de très beaux résultats.

Rappelez-vous que je maintiens la vision de votre nature puissante et pourvue de toutes les qualités que vous désirez mettre en évidence, et surtout de celles que vous voulez développer à partir d'aujourd'hui. Je vous envoie régulièrement de très belles pensées. Lorsque vous vous sentez seul.e, triste, seul.e ou dans le jugement ou la culpabilité, bref, dans des émotions basses, reliez-vous à moi. Reliez-vous à la communauté des lecteurs qui lisent cet ouvrage, parce que ce sentiment de connexion va vous aider à remonter sur l'échelle des émotions.

Avant de commencer ce chapitre, j'aimerais que vous imaginiez être fort demandé.e et recherché.e. Beaucoup de personnes vous cherchent. Beaucoup de personnes cherchent à obtenir vos produits, vos services, et à rejoindre votre cercle. Pensez à leur faciliter la vie en créant des canaux d'attraction aisés et faciles à trouver. De cette façon, vous vous ouvrez à plus de régularité et de fluidité dans l'arrivée de vos clients idéaux, de l'argent et de toutes les opportunités que vous désirez voir se manifester dans votre vie.

Votre mantra
A partir d'aujourd'hui, répétez-vous :

Je suis une personne très recherchée et chaque jour,
j'ouvre de nouveaux canaux d'attraction
aisés et faciles, pour moi et pour les autres.

L'univers vous aidera dans ce sens. Pas besoin de vous demander ce que vous 'devez faire de plus'. Non. Ouvrez-vous à ces nouveaux canaux, inattendus et amusants, que l'univers est prêt à ouvrir pour vous.

Une fois de plus, nous allons voir comment nous amuser en attirant et en manifestant l'abondance. C'est le fil rouge de ces chapitres, et c'est ce que je vous invite à mettre en pratique encore et encore. Attendez-vous à une profonde transformation. Prises de conscience, ouvertures, et contrastes vont se présenter. N'hésitez pas à nous les partager[13]. Car, ce faisant, vous les clarifiez encore davantage. Vous ancrez cette clarification dans vos cellules et vous simplifiez votre vie.

Les contrastes

Si vous arrivez à comprendre que même les plus grands obstacles entre vous et la vie de vos rêves sont totalement imaginaires – ils sont un produit de votre esprit, une illusion - vous verrez ces obstacles disparaître.

Maintenez cette vision tout en continuant à avancer et à 'tracer'. Regardez devant vous en avançant de plus en plus vite. Non pas parce que vous courez après le succès, mais parce que le rythme s'accélère pour vous. L'univers aime la vitesse. Dès lors, dès que vous permettez à ce qui semblent être des obstacles de se dissoudre, tout d'un coup les feux rouges tournent au vert et vous pouvez continuer à avancer. Par ailleurs, anticipez joyeusement les nouvelles rencontres que vous allez faire avec votre client idéal, vos partenaires idéaux, des mentors, des collègues idéaux, des amis ou connaissances. C'est ce que je suis en train de vivre en ce moment. Une ouverture vers de nouveaux partenaires qui deviennent des amis. Des collègues - je ne crois pas à la concurrence - qui deviennent de plus en plus proches. C'est fort et puis-

---

[13] Inscrivez-vous sur nos pages https://aficea.com
et https://loi-d-attraction.com

sant de vivre cela.

Détendez-vous

Tout ce que je vous partagé dans ces pages, mais aussi dans mes livres[14], sur mes sites, ou encore dans mes produits, ateliers, et formation, vous aide à transformer votre manière de fonctionner, mais cela ne se fait pas en une nuit. Personnellement, je pratique ces concepts depuis plus de vingt ans. Un délai est nécessaire, non pas pour que l'univers s'adapte à vous et à vos nouvelles intentions ou décisions, mais pour que **vous** puissiez **vous** familiariser avec votre nouvelle essence, ce nouvel être que vous voulez devenir.

L'être humain a besoin de temps pour modifier ses habitudes, et passer d'anciennes habitudes contraignantes et limitantes à de nouvelles habitudes beaucoup plus porteuses. Vous avez également besoin de temps pour créer de nouveaux systèmes plus idéaux et continuer à activer la flamme de votre enthousiasme. Ce temps dépend de chacun.e. Il est différent pour tout le monde. Cependant, vous pouvez modifier la manière dont vous percevez ce processus de transformation, et le processus de création, de manifestation et de réception de votre abondance, au point de ne plus ressentir ni peur, ni panique - ou très peu - et de vivre une forme de fluidité et de sérénité.

Croyez cela. Croyez également que plus vous vous détendez face à ce processus de transformation, et que plus vous entreprenez des actions amusantes et joyeuses, plus vite vous aurez des résultats incroyables. J'en suis souvent témoin. Mes client.es de haut niveau doublent ou triplent leurs rentrées, parfois en quelques mois seulement, parce qu'elles ont appris à jouer un nouveau jeu, à renouer avec leur véritable 'JE'. Cette reconnexion à soi-même dans l'amusement, le plaisir et la détente, nous ouvre à recevoir l'aide de l'univers, et de ses représentants visibles et

---

[14] Voir la bibliographie en fin d'ouvrage.

invisibles. L'intervention de cette équipe divinement puissante à nos côtés accélère notre réussite et nos résultats.

Trouvez le moyen d'entreprendre des actions amusantes. Car si vous ne vous amusez pas, et si vous n'utilisez pas la clé du processus de création d'une vie ou d'une activité qui correspond totalement à vos valeurs – la clé de l'énergie du plaisir et de l'amusement, cela ne vaut pas la peine de développer une activité, ou, si vous êtes salarié, de chercher à améliorer votre situation professionnelle. Incluez plus d'amusement et de plaisir dans vos tâches, autorisez-vous à éprouver davantage cet amusement et ce plaisir dans votre vie quotidienne et dans votre relation à l'argent, à longueur de journée ou en tous les cas une fois par jour.

Sinon, très vite, vous allez vous épuiser et vous sentir dépassé. Le burnout va poindre son nez. Comme chez beaucoup de personnes, tous secteurs confondus, en ce moment. Si vous cherchez juste à répondre aux problèmes qui surgissent sans aller au cœur du problème, vous générez un stress constant. A peine vous avez éteint un feu d'un côté, qu'un autre s'allume d'un autre côté.

L'ennui est une autre énergie qui repousse l'argent et l'abondance. Le chemin du stress amenant à l'ennui est un processus désagréable que j'ai vécu plusieurs fois dans ma carrière. C'est pour cela que j'ai décidé de me créer un système constitué de différents rituels que je pratique et dont je vous ai déjà donné quelques idées, exercices et exemples dans les chapitres précédents, pour maintenir ce niveau de plaisir, de joie et de détente le plus souvent possible tout au long de mes journées.

Je les ai partagés à de nombreuses personnes. J'ai coaché des PDG, des leaders, des conférenciers, des auteurs, des coachs et des artistes, qui ont totalement transformé leur manière de concevoir leur art et leur capacité à attirer l'argent, en faisant ce qu'ils aiment.

N'oubliez pas, nous avons tous accès aux mêmes ressources spirituelles. Nous sommes tous nés avec le même potentiel. Nous disposons tous de cette guidance intérieure qui est notre ressource principale - la connexion intérieure avec la partie divine en nous. Nous avons également tous la capacité de demander de l'aide. Nous en donnons-nous la permission, cependant ? Et nous avons tous la liberté de rêver et de choisir de passer à l'action, ou pas. Le libre arbitre règne en ce monde.

C'est à vous de décider

Êtes-vous prêt.e à vous dire : « *Ok. Je me lance dans le jeu. Et je m'engage vis-à-vis de moi-même, de la communauté et de l'humanité tout entière à jouer mon meilleur jeu. Je m'engage à donner le meilleur de moi-même sur ce magnifique terrain d'attraction qu'est la Terre* ».

Cela veut dire lâcher toutes les excuses du mental pour ne pas jouer pleinement. Ces excuses ne sont que des histoires que nous nous racontons à longueur de journée et qui nous maintiennent dans notre prison intérieure, à l'intérieur des grilles édictées par notre mental et encouragées par la société. Cela nous maintient petit évidemment. Vous n'éprouvez ni amusement ni abondance lorsque vous jouez selon les règles dictées par la peur et par la comparaison, le jugement, la compétition - ces émotions basses qui vous coupent de votre carburant essentiel : l'enthousiasme.

Pour transformer la souffrance

Dans ce chapitre, je vous propose de vous offrir une faveur et d'utiliser vos émotions pour vous guider à travers ce processus de développement de votre vie ou activité idéale. Si un projet sur lequel vous travaillez vous semble difficile ou ne vous inspire pas, posez-vous des questions porteuses à son sujet.

Par exemple :
Qu'est-ce qui ne vous permet pas de vous sentir bien ? Ou qu'est-ce que vous n'aimez pas faire dans cette tâche ?
Est-ce que vous vous racontez de fausses histoires concernant

cette tâche ou ce projet ?

Existe-t-il un autre moyen de réaliser cette tâche ou ce projet, qui vous permettrait de vous sentir mieux et d'avoir des résultats beaucoup plus agréables et désirables ?

Reprenons les trois questions principales, une à une, à propos d'un projet précis. Imaginons que le projet consiste à vous faire connaître, et que vous faites votre promotion en utilisant du matériau (messages, slogans, etc.) créé par quelqu'un qui n'a pas du tout la même sensibilité que vous.

-     *« Qu'est-ce qui ne me permet pas de me sentir bien ici ? »*

Peut-être que le fait d'imaginer cette campagne de promotion d'une façon qui ne correspond pas à qui vous êtes réellement ne vous permet pas de vous sentir bien.

-     *« Quelles histoires est-ce que je me raconte ? »*

« Oh, là, là ! Cela va me prendre trop de temps. » ou « Je ne suis pas à la hauteur. Je n'y arriverai jamais. » Ce ne sont que des histoires. Transformez ces histoires. Qu'est-ce que vous voulez vous dire à la place ?

-     *« Est-ce qu'il y a une autre manière de réaliser cette tâche ou ce projet, qui me permettrait de me sentir mieux et d'avoir un résultat encore plus désirable ? »*

Laissez votre créativité saisir les rênes et vous donner des idées, soit de déléguer la tâche, soit de l'exécuter vous-même d'une façon amusante. Plus vous vous amusez tout au long de vos journées, plus les résultats seront là.

Surtout, ne vous forcez pas à avancer dans les difficultés ou les embûches, sans vous écouter, sans écouter l'enfant en vous qui a envie de jouer, qui a envie que cela reste léger et fluide. Parce que la souffrance ne va pas vous aider à atteindre vos buts. Vous pouvez atteindre vos objectifs en souffrant. Nous avons suffisamment d'exemples de statues érigées pour les héros qui ont traversé des conflits dans la souffrance, mais ce n'est pas nécessairement un modèle porteur, surtout pour l'humanité à son stade actuel. Nous avons suffisamment souffert, et nous pouvons choisir de manifester nos désirs sans souffrance.

Ce qui se passe aussi, c'est que lorsque vous envisagez un projet ou une tâche avec ce sentiment de dur labeur, de souffrance et de sueur au front, souvent vous faites des erreurs. Simplement parce que vous ne vous écoutez pas. Votre guide intérieur vous inspire des idées de raccourcis ou d'accélérations possibles, et comme vous ne vous écoutez pas, vous continuez à avancer de façon logique et raisonnée, avec vos petits moyens physiques et rationnels.

Alors, la partie divine en vous se révèle à travers des soucis techniques, ou des blocages au niveau de votre créativité, ou encore un manque d'enthousiasme pour vous lever le matin. Souvent, ce sont des signes que vous envisagez vos journées dans la souffrance ou avec le sens du devoir, plutôt qu'en vous ouvrant au plaisir et à l'amusement. La souffrance, le devoir, le sentiment de dur labeur, constituent le meilleur moyen de repousser vos désirs, vos clients ou l'argent que vous aimeriez recevoir, et surtout la réussite que vous recherchez.

Votre énergie – liée à votre humeur - est le plus grand facteur d'attraction de vos désirs.

Les stratégies et les systèmes ne peuvent créer que de petits miracles dans votre activité. Car si vous vous focalisez uniquement sur les systèmes et les stratégies à un bas niveau, celui de l'égo qui veut juste plus de pouvoir ou plus d'argent, sans aller voir plus loin, vos résultats resteront en deçà de ce que votre âme vous sait capable de créer. Au contraire, si votre attitude est alignée sur la réception aisée et facile de vos désirs, et que vous êtes à l'écoute de votre voix intérieure et de son enthousiasme, de grands miracles sont non seulement possibles, mais ils sont inévitables et rapides.

Votre énergie a un énorme impact également sur ce que produit votre équipe ou vos proches, parce qu'être un.e leader, c'est être un modèle pour les personnes qui vous entourent. Dès lors, si votre humeur n'est pas à la hauteur de la réception aisée de vos désirs, votre équipe – qui ressent et reflète votre humeur ou votre énergie - va y répondre de manière similaire. En effet, la loi de l'attraction dit que ce que vous émettez vous revient. Par conséquent, votre équipe vibrera au niveau où vous êtes, en grande partie. Ou alors, les membres de votre équipe qui vibrent trop haut ou trop bas par rapport à votre 'fourchette d'émotions', disparaîtront de votre expérience de vie et de travail. Ils seront tout simplement absents les jours où vous serez présents, ou vous n'arriverez pas à les joindre, ou encore ils décideront de partir en vacances.

Vous avez tout intérêt à décider d'aligner votre attitude et votre humeur sur la réception aisée de vos désirs. Cela ne veut pas dire que vous devez avoir peur des effets potentiels de la 'paranoïa' de votre mental, de toutes ces pensées négatives ou réactions sur le vif qui peuvent surgir au cours d'une journée. Nous sommes des êtres humains. Vous ne voulez pas vous juger ou vous culpabiliser face à cela. Soyez juste conscient.e de ce qui se passe et maintenez votre focalisation alignée sur votre choix d'activité, votre vision, votre mission, le choix du modèle commercial ou du style de vie que vous voulez suivre avec souplesse, sur vos plans et vos actions, dans l'amusement et le plaisir. Restez focalisé.e sur tout ce qui peut soutenir votre sentiment de plaisir et de joie, à l'intérieur et à l'extérieur de vous, et sur tout ce qui vous permet de vous sentir bien.

Comment traverser la procrastination

Beaucoup de personnes me partagent : « *J'ai l'impression que je suis en train de procrastiner. J'ai envie de passer à l'action. J'ai des idées très claires sur ce qui me permettrait de m'amuser, mais je n'arrive pas à m'y mettre. »*

Remarque très courante et très intéressante, que je constate moi-même régulièrement. Certainement ces dernières années, puisque j'ai senti qu'un grand changement était nécessaire dans ma vie et dans la forme de mon activité. Je voulais pouvoir dégager plus de temps, mais à l'époque ce n'était pas aussi clair.

Je ressentais un manque d'enthousiasme grandissant, une envie de prendre plus de temps pour moi, et le désir de lancer un programme automatisé sur internet, qui ne me demande plus de donner un cours deux soirs par semaine, par exemple. C'était un projet que j'avais en tête depuis quelques temps mais qui me paraissait énorme à mettre en place. Il me paraissait inaccessible et puis, je me répétais que je n'en avais pas le temps. Je vivais un véritable conflit intérieur puisque la partie de moi qui savait que je pouvais le faire m'appelait dans ce sens et le mental me freinait et me retenait dans le connu.

Jeu d'Abondance

A nouveau, je me suis posé une série de questions que je vous invite à noter pour vous les poser vous-même dès cela vous arrive.

- *« Est-ce que, face à ce projet, je suis en train de me raconter une histoire, l'histoire que cela va être dur et difficile ? »*

- *« Est-ce que je me mets la pression pour que ce soit parfait avant même de commencer ? »*

-

Est-ce qu'avant même d'oser réaliser le premier pas (rédiger le contenu de la formation par exemple), je me dis inconsciemment : « ce ne sera pas parfait », de sorte je ne passe pas à l'action ?

- « *Comment est-ce que je pourrais faciliter la mise en œuvre de ce projet ?* »

Oui, vous avez le droit de vouloir que ce soit facile et aisé.

- « *Qu'est-ce que je pourrais faire pour que ce projet me paraisse plus inspirant ?* »

Lorsque vous avez un désir qui vous hante ou un projet qui vous revient sans cesse à l'esprit, c'est votre âme qui vous parle et qui vient vous parler de plus en plus fort pour que vous l'entendiez et que vous passiez à l'action. Si vous ne passez toujours pas à l'action, votre âme criera plus fort et risque de vous immobiliser physiquement pour que vous ne puissiez plus laisser le mental vous distraire avec votre liste de 'choses à faire'. Vous pouvez vous fouler la cheville. Vous allez avoir une bonne grippe ou vous éprouverez une forme d'épuisement temporaire qui vous obligera à prendre quelques jours de repos. D'où l'importance de vous poser cette question face à un projet ou désir qui tente d'attirer votre attention. En effet, souvent, la résistance provient d'un aspect minime du projet, mais le mental en fait toute une histoire. Il transforme la petite souris en éléphant.

La procrastination découle de cette lutte ou de ce conflit intérieur entre votre âme et votre mental. Et souvent elle vous indique que ce n'est pas le moment d'agir. Vous voulez d'abord apaiser la lutte ou le conflit, jusqu'à atteindre une forme de paix intérieure où vous ne prenez plus parti ni pour l'un ni pour l'autre, où vous les regardez s'affronter tout en acceptant qu'il en soit ainsi. Vous avez le droit de vivre des conflits intérieurs.

A ce stade, vous ne vous laissez plus emporter par l'un ni par l'autre. Vous restez impassible, tel un sage ou un observateur qui observe avec recul la bataille qui fait rage sur le terrain de jeu alentour. Et à partir de cet espace reculé, la clarté se fait. Vous constatez le jeu joué par l'égo et vous pouvez répondre à l'appel de votre âme. Vous allez recevoir des idées, des noms de personnes à contacter, des informations à demander et où les demander. Vous ne vous mettez plus la pression de résoudre le conflit par vous-même. Vous l'observez, et en l'observant, vous pouvez recevoir les instructions de la Source. Et parfois, cela passe par donner la priorité à un autre projet avant celui-là.

Personnellement, au cours de cette phase, je me suis refocalisée sur mon envie première, que je remettais constamment à plus tard, un projet qui continuait de me hanter : recommencer à écrire. Je me suis autorisée à revenir à l'écriture, à m'ouvrir du temps pour cela et dès lors, à faire des choix, à lâcher ce qui ne me servait plus pour pouvoir me consacrer à l'écriture et à la révision du livre qui attendait depuis des mois d'être publié. En m'offrant ce temps, dans ce nouvel espace paisible et amusant que je m'étais ouvert, j'ai pu recevoir les idées qui facilitent la mise en place du nouveau style de vie de l'auteure prospère que je veux être dorénavant.

Il s'agit de pivot. Comment pivoter d'une vision qui crée un contraste et un conflit intérieur vers une vision où vous savez pouvoir vous engager avec bonheur, joie et épanouissement personnel ? En pivotant vers ce sentiment d'épanouissement, vous remontez sur l'échelle des émotions et le projet qui paraissait si difficile et compliqué, devient possible et accessible pour vous.

En commençant à écrire et surtout à réviser ce que j'avais déjà écrit, j'ai pu me reconnecter à la Source en moi, et la mise en place du projet qui me paraissait grandiose et impossible a pu se faire. Un tas de personnes se sont ralliées autour de moi. J'ai eu des idées de personnes à contacter. J'ai effectué les démarches aisément et facilement, et tout s'est mis en place de soi-même.

Recherchez la simplicité

Lorsque vous traversez une phase de procrastination, l'important c'est de rechercher la simplicité dans votre quotidien. Même si vous courez en tous sens, il y a toujours moyen de simplifier votre vie en vous posant simplement la question :

- « Comment est-ce que je pourrais simplifier ce projet ou mon activité ? »

Pour le lancement d'un nouveau programme, mon équipe et moi-même avions mis en place un système qui impliquait plusieurs personnes sur plusieurs continents. Très vite, je me suis dit : « si un grain de sable entre dans le système, cela va compliquer le lancement. » Dès lors, j'ai cherché à simplifier le système.

Avant cela, un membre de l'équipe en Europe rédigeait un courriel qu'il m'envoyait, que je révisais, que mon assistante à Québec devait ensuite placer dans l'autorépondeur, que je devais réviser une deuxième fois directement dans l'autorépondeur avant de pouvoir dire à mon assistante : « *Ok. Tu peux planifier l'envoi.* » Et je me suis dit : « *Avec le décalage horaire entre le Canada et l'Europe, et nos horaires de travail à chacun, cela ne fonctionnera pas.* » Le système simplifié, mis en place depuis, me permet de ne réviser qu'une seule fois le message, et si nécessaire, je le planifie moi-même. Parfois, nous nous compliquons la vie sans nous en rendre compte.

Jeu d'Abondance

Je vous invite dès maintenant à choisir une situation où vous avez tendance à procrastiner.

Demandez-vous : « Comment pourrais-je simplifier les choses pour avoir de moins en moins de décisions à prendre ? »

En ayant moins de décisions à prendre, vous aurez moins d'options devant vous et vous pourrez plus facilement avancer, voire même accélérer les étapes et moins risquer de voir un grain de sable venir bloquer la machine. Souvent, cela veut dire créer des systèmes ou cadrer et structurer davantage les personnes et les étapes.

Pour les personnes qui n'aiment pas l'idée de créer un système ou de cadrer et structurer les choses, il serait intéressant de révéler la résistance qui se cache derrière votre désir. Oui, vous pouvez décider de vous laisser porter par le flux. Cela peut bien fonctionner lorsque vous êtes seul.e. Cependant, lorsque vous opérez à plusieurs, en équipe, il y a plus de 'pièces mobiles' à gérer. Si vous imaginez toutes les petites pièces qui constituent une horloge par exemple, ces pièces fonctionnent à un rythme et à une cadence précise, et s'il y a un seul grain de sable qui pénètre dans le processus ou le mécanisme, c'est l'ensemble qui s'arrête. Plus il y a de personnes impliquées dans votre projet, plus vous avez intérêt à simplifier les choses.

Il est important pour votre amusement et votre plaisir de revenir à la simplicité et à l'aisance dans laquelle vous voulez pouvoir avancer. Pour installer la fluidité dont je parle souvent. Dès lors, pensez à écouter votre système de guidance intérieur lorsque vous travaillez sur un projet ou sur deux projets en parallèle - comme dans mon exemple, l'écriture et le lancement automatisé d'un programme sur internet. L'écoute de votre guidance interne va vous servir merveilleusement à installer la fluidité que vous voulez vivre au quotidien.

Retenez simplement que **la procrastination est un panneau indicateur**. C'est un signal qui demande votre attention et qui vous aide à revenir vers l'intérieur. C'est une espèce de grand stop, qui vous dit qu'un rouage de votre projet ne vous permet pas de vous sentir bien. Dans ce cas, arrêtez-vous. Ecoutez-vous et décidez soit de lâcher le projet, soit de changer la manière dont vous percevez le projet ou un aspect du projet, ou la manière dont vous percevez le fait de le réaliser. C'est juste un message de la Source en vous. Ecoutez davantage cette guidance interne parce que grâce à elle, vous avez accès à la sagesse et au savoir universel.

Écoutez votre intuition. Cette intuition est un partenaire essentiel de votre prospérité, de votre richesse et même de votre fortune. C'est une ressource puissante, bien plus puissante que toutes les stratégies et tous les systèmes que vous puissiez mettre en place. Probablement que vous l'utilisez déjà, certains d'entre vous consciemment, d'autres inconsciemment. Vous l'utilisez avec succès dans certaines situations et sans succès dans d'autres parce que les messages de votre intuition sont brouillés par vos peurs et vos fausses croyances.

Aussi, soyez de plus en plus consciente d'écouter cette intuition intérieure et demandez-vous : - *« En quoi serait-il avantageux pour mes résultats personnels, professionnels et financiers que j'utilise totalement le pouvoir de cette sagesse infinie à laquelle j'ai accès ? »*

- « Quels sont les avantages pour moi de me connecter totalement à cette sagesse infinie ? »

Notez-les et préparez-vous à non seulement utiliser ce pouvoir mais à bénéficier de l'ensemble de ces avantages. Grâce à ceci, vous créez la vision non seulement des résultats que vous voulez voir se manifester, mais aussi, de votre reconnexion quotidienne à votre intuition.

C'est ce que je vous invite à faire tout au long de ce mois.

Profitez bien de ces exercices. Poursuivez sur votre lancée. Donnez-vous à fond. Creusez ceci. Créez la vision de votre reconnexion à votre intuition et des résultats qui peuvent en découler et dès lors, des avantages qui vont en découler.

Que la joie et l'abondance vous accompagnent tout au long de ce mois.

4 - MES ACTIONS INSPIREES
QUATRIEME MOIS

Chaque jour, j'ouvre de nouveaux canaux d'attraction aisés et faciles, pour moi et pour les autres.

- Ecoutez votre intuition intérieure.
- Demandez-vous : - *« En quoi serait-il avantageux pour mes résultats personnels, professionnels et financiers que j'utilise totalement le pouvoir de cette sagesse infinie à laquelle j'ai accès ? » « Quels sont les avantages pour moi de me connecter totalement à cette sagesse infinie ? »*
- Notez-les.
- Préparez-vous à non seulement utiliser ce pouvoir mais à recevoir l'ensemble de ces avantages.
- Créez la vision de votre reconnexion à votre intuition et des résultats qui peuvent en découler.

VENEZ TÉLÉCHARGER VOTRE BONUS

Visitez la page qui vous est exclusivement réservée à vous, chers lectrices et lecteurs de ce livre :
https://aficea.com/abondanceensamusant
Téléchargez les 6 Jeux de Manifestation de l'Abondance, qui vous permettent de Jouer avec votre Allié, l'Argent, et de vous Installer dans le Flux de l'Abondance !

CINQUIEME MOIS
Préparez-vous à gagner votre jeu

Ce chapitre va vous aider à vous préparer à gagner votre jeu et à réussir. Je parle bien de votre jeu ; celui que **vous** définissez, selon les nouvelles règles que **vous** voulez suivre, dans le cadre que **vous** voulez respecter. Aussi, transformez les croyances, les fausses habitudes, les comportements qui ne vous plaisent plus et décidez quels sont les nouveaux que choisissez d'intégrer dans votre nouveau jeu d'attraction.

J'espère que vous vous êtes bien amusé.e avec les exercices du chapitre précédent et que vous avez célébré de beaux résultats. Gardez à l'esprit que je pense à vous et que je vous vois constamment doté.e de qualités magnifiques et puissantes. Vous êtes solide. Vous êtes intelligent.e, généreux, libre et surtout abondant.e. Telle est ma vision de vous, et je vous invite à l'entretenir pour vous-même. Ainsi, vous renforcez vos fondations de confiance, d'assurance, de clarté et d'amour propre pour pouvoir continuer à voguer à votre rythme de croisière, agréable et paisible.

Votre Mantra :

C'est ma journée et c'est mon moment
de rayonner et de réussir !

Dites-vous : *Aujourd'hui, c'est mon jour. Aujourd'hui, mon cœur est plein de joie. Aujourd'hui, il s'ouvre à la surabondance d'argent et de canaux d'attraction aisés et faciles.*

Et ouvrez-vous aux miracles. Les miracles se produisent sous vos yeux. La magie de la vie et des affaires œuvre à tout moment. Vous créez un feu d'artifice de manifestations pour vous, pour vos clients et votre famille. Que ce soit votre intention chaque jour et c'est ce que vous recevrez.

Dans cet ouvrage qui vous encourage à demander et recevoir 'l'abondance en s'amusant', je vous invite à installer et intégrer plus de plaisir et d'amusement dans votre vie au quotidien et surtout, dans votre activité ou dans votre emploi. Vous voulez ressentir ce plaisir à tout moment, parce que c'est grâce à lui que vous allez générer les rentrées, les résultats, les opportunités et les bénéfices que vous recherchez.

Vous voulez vous rappeler que les personnes qui vous ont blessé.e ces jours-ci, ou au cours des mois précédents, n'avaient aucune idée de ce qu'elles faisaient et des conséquences qui pourraient en découler. Au moment des faits, elles n'avaient aucune idée de la manière dont leur comportement allait vous rendre <u>encore plus</u> magnifique, sympathique, compatissant.e et étincelant.e. Vibrez cette conviction le plus possible tout au long de vos journées, et ressentez la magnificence, l'empathie, la compassion et le rayonnement dans chacun de vos actes.

Choisissez le type d'identité que vous voulez vibrer tout au long de ce mois, pour gagner votre jeu relationnel, financier, professionnel, personnel, et réussir. Que ce soit votre focalisation principale.

Nous avons vu comment modifier notre jeu intérieur. Car les manifestations extérieures découlent du cadre intérieur dans lequel nous vibrons, qui lui-même découle des croyances héritées dans notre enfance et entretenues par nous depuis, souvent inconsciemment. Vous voulez modifier ce jeu intérieur s'il ne vous plaît pas, tout en entreprenant des actions qui vont vous aider à aller dans le sens des nouvelles règles de votre jeu.

Dans les chapitres précédents, vous avez reçu de nombreuses stratégies pour permettre ce changement. Vous les avez mises en pratique et vous entrevoyez déjà un futur financier, professionnel et/ou personnel très différent. Continuez à pratiquer ces concepts, et à jouer à ces jeux. Faites-le de façon continue, chaque fois que vous y pensez. Au fil du temps, vous verrez votre attitude d'abondance devenir encore plus sereine et attractive, sans stress, sans impression d'être dépassé.e. Vous aurez suffisamment de recul et de sérénité intérieure pour pouvoir simplement 'jouer', comme les enfants qui ne peuvent s'en empêcher. Vous serez dans le flux pur et total de l'abondance, avec beaucoup d'amusement et des idées très intéressantes à la clé, pas seulement au niveau ressenti mais au niveau créativité. De nouvelles idées vont littéralement jaillir de votre cerveau et de votre cœur, et l'amusement sera le seul nom de votre jeu à partir d'aujourd'hui.

C'est ce que je vous souhaite. Je souhaite la même chose pour les stratégies que je vous propose. Veillez toujours à les mettre en place en jouant à explorer ce qu'elles donnent comme fruits. En effet, en jouant à l'explorateur, vous maintenez une forme de curiosité que vous n'auriez pas si vous abordiez vos projets et vos stratégies avec juste l'attitude de la personne qui veut juste passer à l'action et exécuter ses tâches du jour.

La curiosité dans le jeu vous place dans une toute autre énergie.

Lorsque vous placez le casque de l'explorateur sur votre tête, vous ouvrez votre esprit. Vous vous ouvrez aux résultats, aux idées, et à votre créativité. Ouverture que vous n'avez pas lorsque vous avancez le nez dans le guidon, sur l'écran ou dans les papiers. Mettez en pratique les exercices et stratégies qui vous parlent et vous verrez un flux s'installer. Les initiatives que vous aurez prises ne vous paraîtront plus lourdes et difficiles à mettre en place. Elles couleront de source, et vos rentrées aussi. Votre abondance et votre argent proviendront littéralement de la Source.

Vous verrez vos résultats devenir de plus en plus réguliers et vous pourrez vivre la vie de vos rêves, la vie que vous choisissez de vivre, soutenue par des activités qui ne seront pas seulement basées sur l'argent qu'elles rapportent, mais davantage encore sur le plaisir et l'amusement. Des actions basées sur le désir de 'jouer' à passer à l'action.

Si vous voyez que vos rentrées n'augmentent pas de façon régulière, sachez que vos croyances, votre focalisation ou votre mise en œuvre ne sont pas régulières. L'un de ces trois éléments n'est pas régulier. Vos résultats vous montrent qu'il est nécessaire d'ajuster quelque chose au niveau de cette régularité. Parfois, le manque de résultat est dû au manque de légèreté. Trouvez le moyen de vous sentir plus léger et plus joyeux dans votre activité. Et parfois, c'est parce que vous avez besoin de plus de structure, ou peut-être que votre modèle commercial, votre pyramide des profits, vos canaux d'abondance ou vos tarifs ont besoin d'un ajustement.

Pour résumer, le manque de régularité dans vos résultats nécessite d'ajuster soit l'un des éléments cités ci-dessus, soit l'ensemble. Et parfois la seule chose à ajuster, ce sont vos attentes fiévreuses. Transformez-les en anticipation joyeuse de vos résultats. Vous voulez régulièrement anticiper joyeusement votre réussite. Vous voulez anticiper de gagner votre jeu et de réussir. Parfois, c'est juste là que résident les doutes ou les peurs de réussir ou d'échouer.

En ce moment-même, alors que je me retrouve face à un nouveau saut dans le vide au niveau professionnel - je lâche un trapèze (ou projet) avant de pouvoir attraper le suivant, je me rends compte que c'est dans ce laps de temps entre les deux que la peur et les doutes s'installent. Il est important de vous rappeler que la peur de réussir peut également montrer le bout de son nez. Anticipez joyeusement la réussite. Placez-vous dans la vision de la réussite et des gains que vous désirez. C'est ce que vous voulez mettre en place pendant toute la phase d'ajustement et de vide qui précède la manifestation.

Anticipez la réussite

Vous recevez une première idée et vous vous enthousiasmez pour elle. Vous sentez un grand "Oui" à l'intérieur de vous. D'innombrables nouvelles idées vous arrivent. Votre créativité s'enclenche et votre excitation augmente à l'idée de diffuser le produit, le programme ou le service. Vous passez à l'action. Vous exécutez chaque pas avec excellence parce que vous êtes léger et joyeux. Vous vous attendez également à de très bons résultats financiers.

Vous avez lancé une intention. Vous cultivez cette vision de la réussite. Vous jouez avec les chiffres. Vous créez. Vous mettez en œuvre le plan que vous avez prévu, tout en aimant tout ce que vous faites. Ce faisant, vous savez que vous avez une attitude de gagnant.e. Et vous savez que ce que vous êtes en train de créer est un produit ou un service gagnant, grâce à ce que vous choisissez de ressentir pendant sa création. Si vous veillez à vous sentir bien, à vous sentir enthousiaste et joyeux face à cette nouvelle création, vous pouvez faire confiance à ce sentiment. Vous pouvez jouer votre grand jeu dans ce sentiment sans hésiter, sans vous freiner, sans craindre l'avenir. Parce que vous avez le repère de ce sentiment élevé qui est la garantie de votre réussite et de vos gains.

Jeu d'Abondance

Vous avez certainement déjà eu – comme moi - l'impression de vous donner à fond à un projet ou une idée, alors qu'en réalité, vous avez un pied sur l'accélérateur et l'autre sur le frein. Il est difficile d'avancer en étant à cheval sur ces deux modes de fonctionnement. L'un qui vous pousse à accélérer et l'autre qui vous freine. Voyez si, dans votre vie ou votre activité, vous avez tendance à fonctionner comme cela sur certains projets : accélérer puis freiner. Le meilleur moyen d'apaiser ces 'à-coups' et de vous donner à fond à votre projet, c'est de vous écouter intérieurement.

Arrêtez-vous et posez-vous la question :
-   « *Qu'est-ce qui ne me permet pas de me sentir bien dans ce projet ?* »

Tant que vous êtes dans le faire, faire, faire, vous ne pouvez pas entendre la réponse à cette question. Demandez-vous pourquoi cette partie-là de la tâche ou du projet ne vous aide pas à vous sentir bien et puis, avancez dans le projet d'une façon beaucoup plus alignée sur vos désirs et vos résultats désirés. Intégrez plus d'amusement ou de légèreté dans le processus. Jouez des jeux. Lâchez vos vieilles histoires familiales et personnelles sur la réussite, l'argent ou la valeur que vous offrez à vos clients par exemple.

Vous allez vivre une phase de nettoyage et de purification intérieure de toutes ces vieilles histoires, de ce vieux jeu que vous avez accepté de jouer. Si vous lisez ceci, vous en avez déjà nettoyées beaucoup. Célébrez cela. Ces anciennes histoires, vous les constatez lorsque vous avez l'impression de revivre les mêmes situations. « *J'attire toujours le même type de clients (ou de partenaires) difficiles et exigeants.* » Vous savez qu'il y a une histoire derrière. Ce sont des histoires qui vous minent. Ce sont des histoires que l'égo a créées.

Par exemple, si vous vous racontez une histoire qui repose sur la peur de demander de l'aide, vous risquez d'aller jusqu'à la faillite ou de jouer petit dans le lancement d'un produit par exemple parce que vous ne vous autorisez pas à demander du soutien. Vous risquez aussi de mettre en place un modèle commercial ou un lancement stressant parce que vous ne demandez pas l'aide d'autres personnes.

Demandez-vous si vous voulez sérieusement vivre la vie de vos rêves.
Ensuite, avec cette intention, définissez votre vie de rêve. L'idéal, c'est de commencer par votre journée de rêve, votre journée parfaite, heure par heure.
Qui êtes-vous ?

Que faites-vous ?

Qui vous entoure tout au long de cette journée ?

Plongez dans cette vision et laissez-vous attirer vers l'un ou l'autre des concepts ou des jeux proposés dans ces pages, pour les pratiquer et en faire votre seconde nature. Le temps passé à les jouer fera toute la différence entre votre vie d'aujourd'hui et la vie de rêve que vous voulez créer.

Et si... ?

Voici quelques questions qui vont vous aider à créer cette vision plus fidèle de qui vous êtes aujourd'hui. Jouez le jeu du "Et si" :

-   *« Et si vous doubliez vos rentrées ? »*

-   *« Et si vous tripliez vos revenus ? »*

-   *« Et si vous les quadrupliez ? »*

-   *« Et si vous décupliez vos rentrées, que se passerait-il pour vous ? »*

-   *« Et si cette année, vous atteigniez les 100.000 €, que se passerait-il dans votre vie ?*

-   Pour les personnes qui obtiennent déjà cent mille euros par an : *Et si vous atteigniez le million d'euros ou de dollars, que se passerait-il pour vous ?*

-   *Et si chaque élément de votre activité était un réel plaisir pour vous ?*

-   Pour les personnes qui détestent le marketing, par exemple : *Et si l'élément du marketing était un réel plaisir pour vous, quelle forme cela prendrait ?*

- *Et si vous deveniez pionnier dans votre niche ?* Cela veut peut-être dire que votre créativité va vous amener de nouvelles idées, ou une idée de nouvelle niche à créer.

- *Et si ce projet ou cette nouvelle niche vous apportait plus de plaisir que ce que vous avez connu jusqu'ici, que se passerait-il pour vous ? Quelles idées vous viendraient à l'esprit ?*

Imaginez cela. Une fois que vous avez répondu à ces questions, plongez dans cette vision.

Vous avez doublé, triplé, quadruplé vos rentrées. Vous avez atteint les cent mille euros ou le million par an. Chaque élément de votre emploi ou de votre activité est un réel plaisir pour vous. Vous êtes pionnier dans votre vie ou votre secteur. Dès lors, vous êtes très recherché.e et votre vie actuelle vous apporte plus de plaisir que ce que vous avez connu jusqu'ici. Comment vous sentez-vous ? Vous vous sentez très enthousiaste, plein.e d'énergie et de rêves.

Si vous avez besoin de manifester beaucoup d'argent très rapidement, là en ce moment, il est temps de lâcher entièrement l'ancien 'jeu' professionnel, financier et/ou personnel que vous jouiez. Ne lui accordez plus d'attention et placez toute votre focalisation sur le résultat que vous désirez obtenir, avec enthousiasme, tout en entreprenant de petites actions de façon régulière. **Cessez de regarder ce que vous ne voulez plus, et ne regardez que ce que vous désirez.** Ainsi, vous améliorez votre confiance en vous, et vous diminuez tout ce qui est critique, jugement, culpabilité, pour vous installer dans un flux accéléré de rentrées, d'opportunités et de nouveautés en grande quantité.

Le jeu de la baguette magique (de l'intention)

Clarifiez votre intention ou votre demande, lancez-la dans l'univers et prenez la décision qu'elle est déjà réalisée.

Avez-vous remarqué que souvent, nous ne faisons appel au

pouvoir de l'intention que pour nos Grands Désirs, ou lorsque nous voulons recevoir un miracle afin de manifester une vision qui nous fait tellement sortir de notre zone de confort que nous nous disons : « *C'est trop grand pour moi. J'ai besoin d'aide. Aussi, je vais lancer mon intention, me focaliser dessus et demander l'aide de l'Univers.* »

Recommencez à utiliser la baguette magique de l'intention régulièrement. À chaque segment de votre journée (petit-déjeuner, navette vers le travail ou l'école, réunion, repas, discussion avec vos enfants, des collègues ou un patron, repas du soir, par exemple), clarifiez ce que vous voulez vivre intérieurement et extérieurement, puis lancez l'intention de le vivre. Dans cet engagement, l'univers soutient votre décision et vous apporte ce que vous désirez. C'est une décision consciente que vous prenez chaque fois que vous voulez réaliser une tâche ou un projet, et pas seulement face à un grand rêve ou un grand saut.

Voici quelques idées de circonstances professionnelles où vous pouvez oublier d'utiliser cette baguette magique :

• Par exemple, face à des clients qui vous donnent un délai stressant. J'ai vécu cela il y a une quinzaine d'années lorsque j'effectuais des traductions professionnelles. J'ai toujours eu des clients très respectueux, mais à l'époque, l'une de mes règles était que j'étais toujours disponible (!) car j'avais besoin d'argent. J'acceptais tout ce qui se présentait, et parfois, je devais travailler la nuit pour respecter le délai convenu.

• Autres circonstances : les problèmes techniques, qui tout d'un coup freinent la production d'un travail ou ralentissent un lancement. Là aussi, vous pouvez utiliser votre baguette magique.

• Le fait de ne pas avoir suffisamment de temps pour terminer un projet ou une tâche dans un délai 'urgent'.

• Tous les problèmes liés à la prise en charge des enfants, la prise en charge des animaux. Si vous travaillez à domicile ou si vous êtes salarié.e, vous pouvez utiliser votre baguette magique dans ces domaines personnels également.

- Inspiration et créativité peuvent être amplifiées grâce à cette baguette magique. Offrez-vous une pause, prenez du recul par rapport au 'blocage' que vous ressentez, dites "stop" et faites appel à la baguette magique de votre intention. Elle nécessitera souvent une reconnexion à votre intuition.

- Imaginez une situation où un membre de votre équipe ou un fournisseur semble 'disparaître'. Vous n'arrivez plus à joindre la personne. Là aussi, vous pouvez lancer l'intention que l'univers contacte la personne pour vous.

Ce sont des jeux que j'adore jouer. Cela devient rapidement une seconde nature. À force de jouer le jeu, vous constatez : « *Là, j'aurais pu recourir à ma baguette magique au lieu de stresser comme je l'ai fait. La prochaine fois, j'y penserai.* » Ainsi, vous installez dans vos cellules, de plus en plus consciemment, le réflexe d'avoir recours à cette ressource.

- Autre situation, ce sont les ventes qui ralentissent ou diminuent. Là aussi, vous pouvez faire appel à votre baguette magique pour accélérer le flux.

- Des projets qui vous ennuient.

- Si vous recherchez un expert dans un domaine que vous voulez déléguer, et vous ne savez pas qui appeler, ni où trouver cet expert. J'ai souvent oublié d'utiliser ma baguette magique pour ce faire, et maintenant, je le fais systématiquement. J'aime beaucoup les clins d'yeux de l'univers, parce que souvent, les noms de ces experts m'arrivent de façon inattendue et pas toujours par le même canal que pour la personne précédente. Il est intéressant de noter que votre créativité crée ainsi de nouveaux canaux de manifestation.

- Si vous avez besoin d'un nouveau partenaire pour un lancement, dans un couple ou en affaire.

- Si vous voulez vendre votre activité. Faites appel à la baguette magique de votre intention consciente et délibérée.

Tout ce que vous expérimentez en ce moment dans votre vie et votre activité, et qui freine vos progrès ou qui diminue votre enthousiasme par exemple, représente une opportunité parfaite pour vous de poser trois questions :

1. Quel est le problème réel ici ?
Parce que le frein n'est pas le problème réel. Le frein est juste le panneau indicateur d'un problème, ou d'un conflit intérieur. Quel est le conflit ou le problème réel ici ?

2. Qu'est-ce qui serait mieux que cette situation ?
Sous-entendu, qu'est-ce que vous voudriez voir se manifester comme situation idéale ?

3. Si je pouvais avoir tout ce que je voulais face à cette situation, qu'est-ce que ce serait ?
Idéalement ? Pour voir encore plus grand qu'au point 2 ci-dessus.

Ce sont trois questions simples à vous poser dans les moments où vous faites face à un problème technique, un frein, la procrastination.

Ensuite, imaginez agiter cette baguette magique. Vous utilisez votre intention et vous décidez que dans l'instant cette situation se résout d'elle-même et que vous obtenez tout ce que vous désirez, et même bien plus. D'où l'importance de clarifier ce que vous voulez recevoir idéalement.

Tout est déjà là

Ce jeu peut vous paraître trop simple. Sachez qu'il vous incite à recourir à votre pouvoir intérieur, à votre puissance divine. Il vous encourage à vous réaligner intérieurement et à développer la confiance que vous méritez ce que vous désirez et que vous pouvez le 'commander' à la Force de Vie. Car lorsque vous commandez, le Divin vous entend. Vous-même vous l'entendez mieux. Votre âme sait que tout est déjà là. Et vous vous engagez à recevoir ce que vous avez demandé.

Il n'y a pas de jugement de la part de la Source. Votre déclaration – votre demande est une déclaration et une affirmation - sème et émet la vibration de votre confiance et de votre puissance. Et tous les agents de l'univers, visibles et invisibles, viennent soutenir cette confiance et cette puissance qui déclarent que ce que vous demandez est déjà là.

Rappelez-vous que l'important, c'est de prendre suffisamment de recul dans votre vie de tous les jours pour pouvoir voir les situations qui diminuent votre joie. Vous savez maintenant que cela n'a aucun sens de continuer à passer à l'action dans une situation qui n'est pas joyeuse pour vous. Dès lors, arrêtez-vous et élevez vos émotions jusqu'à anticiper joyeusement ce que vous voulez voir se produire, en sachant que cela vous sera fourni joyeusement et volontiers par l'univers lui-même.

Et puis, rappelez-vous que votre baguette magique est puissante dans toutes les situations quelles qu'elles soient. Même celles où vous avez l'impression qu'il ne sert à rien de lancer une intention. Lancez-la de toute façon.

Utilisez cette baguette magique autant que possible, tout au long de votre journée, grâce aux questions que je vous ai proposées. Puis, notez ce qui se passe pour vous lorsque vous vous autorisez à désirer ce que vous voulez, et à 'commander' la vision idéale de la résolution de la situation.

Enfin, la seule chose à faire, c'est de continuer à entretenir la joie, l'amusement et le plaisir dans votre vie quotidienne et vous serez dans le mode parfait pour 'réceptionner' la vision de ce que vous avez demandé.

Je vous souhaite beaucoup de plaisir avec tout ceci. Que la joie et l'abondance vous accompagnent tous et toutes.

5 - MES ACTIONS INSPIREES
CINQUIEME MOIS

C'est ma journée et c'est mon moment
de rayonner et de réussir !

- Prenez suffisamment de recul dans votre vie de tous les jours pour pouvoir voir les situations qui diminuent votre joie.
- Arrêtez-vous et élevez vos émotions jusqu'à anticiper joyeusement ce que vous voulez voir se produire.
- Utilisez votre baguette magique autant que possible, tout au long de la journée.
- Notez ce qui se passe pour vous lorsque vous vous autorisez à désirer ce que vous voulez, et à 'commander' la vision idéale de la résolution de la situation.
- Continuez à entretenir joie, amusement et plaisir dans votre vie quotidienne pour 'réceptionner' la vision de ce que vous avez demandé.

VENEZ TÉLÉCHARGER VOTRE BONUS

Visitez la page qui vous est exclusivement réservée à vous, chers lectrices et lecteurs de ce livre :
https://aficea.com/abondanceensamusant
Téléchargez les 6 Jeux de Manifestation de l'Abondance, qui vous permettent de Jouer avec votre Allié, l'Argent, et de vous Installer dans le Flux de l'Abondance !

SIXIEME MOIS
Trois croyances qui facilitent la manifestation

J'espère que vous vous êtes beaucoup amusés avec les jeux et les exercices du chapitre précédent et que vous voyez des résultats se manifester sous vos yeux, ou devenir visibles petit à petit.

Vous le savez, j'aime vous imaginez tous et toutes comme divins. Oui, nous sommes divins. Oui, nous bénéficions de qualités divines ; certaines que nous avons déjà pris l'habitude de révéler, d'autres qui demandent à être révélées.

Lesquelles ? Cela vaut la peine de vous poser la question, surtout si vous admirez ou enviez quelqu'un. En effet, dans ce cas, votre âme vous montre, à travers cette personne, les qualités que vous êtes prêt.e à développer.

Dès lors, plutôt que d'envier ou de jalouser la personne, notez ce que vous admirez chez elle. Remerciez-la intérieurement et décidez de développer et d'amplifier cette qualité à l'intérieur de vous. Pour renforcer vos fondations d'abondance, d'intelligence, de générosité, de liberté et de stabilité, mais aussi de confiance, d'assurance, de clarté et d'amour propre. Ces qualités vont se renforcer en vous grâce à l'élan que nous avons lancé en début de livre.

Votre mantra
Avant d'entamer ce chapitre, je vous propose de vous répéter :

Aujourd'hui, j'applaudis ma vie
et je m'attends au miracle.

Peu importe le temps que cela prend, peu importe la difficulté qui semble être là, et peu importe le sentiment de solitude que vous ressentez parfois, rappelez-vous que vous vivez dans un monde de rêve où, demain, tout peut radicalement changer, pour le meilleur - surtout lorsque vous visualisez ce que vous désirez. Décidez que c'est le cas pour vous.

Vous savez comment l'univers fonctionne, aussi demandez-lui son aide. Demandez de l'aide à vos anges-gardiens ou à ces personnes visibles et invisibles qui vous entourent et qui ne demandent que cela. Elles ne demandent que de répondre à votre demande, à votre demande d'aide et de service.

Je suis certaine que vous avez déjà eu l'impression que manifester ce que vous désirez était difficile. C'est ce que nous ressentons tous à un moment ou à un autre. Dans ce cas, il est intéressant de revenir aux bases du fonctionnement de l'univers, et de vous rappeler que vous vivez dans un univers qui est comme un miroir – il reflète à l'extérieur ce que vous vibrez à l'intérieur. Ainsi, tout ce que vous expérimentez à l'extérieur est le reflet direct de votre monde intérieur.

Il n'y a rien dans votre expérience que vous ne soyez en train de créer, de favoriser ou d'autoriser à entrer dans votre expérience de vie. À ce stade du livre, tout le monde ici est d'accord avec cela. Nombre de personnes qui connaissent et utilisent la magie de l'univers, l'ont compris depuis des siècles. Les grands sages savent que nous sommes toujours en train de créer à partir de qui nous sommes. Et que lorsque tous les aspects de nous-mêmes sont accordés, la manifestation désirée se produit dans le monde extérieur.

En effet, dès lors que nous vibrons 'l'Être qui a déjà obtenu son désir', au niveau mental, physique, émotionnel, spirituel et vibratoire, notre désir apparaît dans notre monde extérieur. Lorsque nous ne formons qu'Un avec notre désir, notre vibration ne forme qu'Un avec la vibration du désir réalisé.

Transformez vos croyances

Un bon endroit pour commencer, ce sont nos croyances. Même si aligner nos croyances n'est pas la seule solution à la manifestation. En effet, nous ne sommes pas que notre esprit. Notre attitude et nos croyances sont importantes dans la manifestation ou la non-manifestation de ce que nous désirons, mais elles ne constituent pas le seul facteur.

Nous sommes bien plus que juste notre intellect, notre esprit ou nos croyances. Et nos croyances représentent bien plus que juste une phrase ou une pensée répétée. Elles sont constituées de nos expériences passées, ancrées dans notre corps avec le temps, et la répétition. De nombreux facteurs entrent en ligne de compte dans le processus de manifestation. Cependant, il est bon de se rappeler que nos croyances amènent la création de nos expériences, et que nos expériences confirment nos croyances, à la fois les croyances conscientes et les croyances inconscientes. Changer nos croyances de l'intérieur vers l'extérieur peut apparaître beaucoup plus difficile qu'on ne le croit parfois, du fait de cet amalgame de pensées répétées, et aussi d'expériences passées et de programmation. C'est pour cela que juste transformer la croyance ne suffit pas, l'important c'est expérimenter la nouvelle croyance dans notre corps. Ancrer l'expérience de cette nouvelle croyance dans notre corps.

Il existe une manière d'utiliser les croyances pour appeler dans votre monde bien plus de ce que vous désirez immédiatement. C'est un outil très simple que j'utilise depuis très longtemps et qui m'amène mon désir rapidement.

1.   Adoptez consciemment la ou les croyances qui vous font sentir que votre désir est déjà là, qu'il est réalisé.

2.   Agissez à partir de ce niveau supérieur de vibration.

3.   Laissez la nouvelle expérience confirmer la nouvelle croyance.

C'est comme un cycle vertueux que vous enclenchez : la nouvelle croyance engendre la nouvelle expérience, qui renforce la nouvelle croyance, qui renforce la nouvelle expérience. L'une confirme l'autre, renforce l'autre, et enclenche la suite du processus de renouvellement perpétuel de vos croyances.

Cette technique, je l'ai utilisée de nombreuses fois, à la fois pour vendre des produits, des programmes, des services mais aussi pour amener de nouvelles personnes dans mon équipe ou dans ma vie, pour trouver la voiture parfaite, la relation parfaite, la santé parfaite. Grâce à ce 'jeu' tout simple, vous pouvez obtenir énormément de choses qui vous semblent impossibles au moment où vous les désirez.

Pour utiliser cet outil, je vous propose trois croyances qui accélèrent la manifestation, et je vous donne des preuves qu'elles fonctionnent.

1. Manifester (l'argent) est aisé et facile pour moi

Il y a près d'une dizaine d'années, j'étais coincée dans une sorte de 'nuit noire de l'âme'. Depuis deux ans, je tournais en rond. J'avais de bons résultats mais j'étais arrivée à une espèce de plafond et je commençais à m'ennuyer. J'étais à nouveau coincée dans les doutes. Mon niveau d'estime de moi-même et d'amour propre était au plus bas. Je fonctionnais de façon quasi-robotique. Ce n'était agréable ni pour moi, ni pour ma famille. Etant donné que je n'aime pas me sentir mal, à un moment j'ai décidé que c'en était assez. Je me suis dit : « *Maintenant, ça suffit.* ». Et je me suis demandé « *Et si c'était aisé et facile ? Et si je savais clairement ce que je voulais ?* ». Et je suis sortie de ma coquille. Je me suis inscrite à une formation qui me tentait depuis longtemps et je suis passée à l'action.

Pour pouvoir reproduire cela, je me suis penchée sur le 'comment' de mes manifestations passées. Quel est le processus que je mets en place pour créer et recevoir ce que je demande depuis des années, et qui fonctionne tellement bien que j'ai reçu tous mes Grands Désirs jusqu'ici ?

Mes Grands Désirs, tels que :
- Être une Auteure reconnue et prospère
- Avoir une excellente santé
- Profiter d'une vie de couple passionnée et harmonieuse
- Avoir une famille qui communique et s'entend bien
- Bénéficier d'une communauté que j'adore et qui adore ce que j'enseigne
- Savourer l'abondance et l'alignement sur la joie et le bien-être le plus souvent possible

Sans parler de la maison de nos rêves, des écoles alternatives pour nos filles, les voyages, le temps libre, pour moi et pour écrire, le flux de la prospérité constante, pouvoir contribuer au mieux-être d'autrui par mes écrits et enseignements, et soutenir mes organisations de charité favorites avec mon argent.

Bref, je me suis amusée à noter mon processus de manifestation unique, qui repose sur un mode de fonctionnement très personnel, sur mes lectures, mes recherches sur la loi de l'attraction, la création et la manifestation et surtout, sur le mode de réception des désirs réalisés.

Mon but était d'exploser le plafond auquel j'étais arrivée. Aussi, j'ai adopté cette nouvelle croyance en la personnalisant : *Je manifeste l'argent aisément et facilement.* J'ai entretenu cette croyance pendant plusieurs semaines. J'ai fait en sorte d'y croire à mille pour cent - pas seulement à cent pour cent, et trente jours plus tard, je manifestais dix fois plus que ce que j'avais manifesté jusque-là en deux jours de temps.

L'idée du programme qui me permettait de manifester dix fois plus m'était arrivée avec cette décision : « *Ça suffit* ! », et parce que j'avais décidé d'entretenir cette croyance que manifester l'argent était aisé et facile. Oui, c'était facile puisque l'idée m'est arrivée dans la foulée. Je me suis abandonnée à l'idée, même si elle me faisait peur, et même si j'avais peur de la réaction des gens de ma communauté qui allaient devoir faire un saut de conscience à mes côtés. Et j'ai décidé de me relier à la source et à mon âme qui venaient de me lancer l'idée. Je me suis rendu compte que l'idée correspondait exactement aux besoins des personnes qui se sont inscrites au programme. Dès lors, c'est ce processus que j'enseigne aux clients de haut niveau que j'accompagne.

Rappelez-vous : manifester l'argent est aisé et facile.

Et cela le devient, puisque vous le croyez et que vous l'expérimentez.

En revanche, attention, je ne dis pas 'gagner de l'argent', car cela implique un effort trop proche de la notion de 'dur labeur' que je ne veux surtout pas transmettre.

Nos croyances créent notre expérience et notre expérience confirme nos croyances. Donc, si vous voulez rendre une expérience aisée et facile, dites-vous que ce sera aisé et facile et ressentez-le dans vos cellules. Il en va de même pour tout ce que vous voulez manifester ou tout ce que vous désirez. Vous le déclarez aisé, et en le déclarant et en le vibrant ainsi, vous vous rapprochez de cette aisance et de cette facilité.

2.   <u>Tout ce que je désire est déjà là</u>

Si je le répète si souvent, c'est que ce n'est pas une croyance. C'est une loi spirituelle. C'est la loi de la polarité. Dans cet univers, il n'y a pas de moitié. Tout est toujours complet. Tout est toujours le tout. Il n'y a pas de dessus s'il n'y a pas de dessous. Il n'y a pas de gauche s'il n'y a pas de droite. Il n'y a pas d'intérieur s'il n'y a pas d'extérieur. Tout a son opposé. Tout est égal et opposé en même temps.

Ce qui veut dire que si vous avez un désir sincère de recevoir quelque chose, ce désir est déjà là. Il est déjà réalisé et il est déjà dans votre univers personnel. Nous parlons de désir sincère, et de désirs que vous savez réalisables même s'ils élargissent votre zone de confort.

Nombreuses sont les personnes qui me posent des questions liées à l'âge qu'elles ont et à leurs limitations. Il est vrai que nous pouvons faire de plus en plus de choses de plus en plus tard dans la vie. C'est la raison pour laquelle j'encourage les personnes qui désirent se lancer dans une activité ou tester un nouvel hobby, à le faire peu importe leur âge. Mais si vous voulez tester l'univers, par exemple pour voir si vous pouvez manifester le fait de grandir de dix cm à quarante-cinq ans, ou d'avoir un bébé à quatre-vingt ans, demandez-vous d'abord si ce désir est vraiment sincère ? Vous voulez vous donner toutes les chances de faciliter sa manifestation.

Qu'est-ce qui rend la manifestation aisée et facile ?

C'est de vous dire que si votre désir est déjà là, vous n'avez pas à vous inquiéter de son absence. Vous pouvez cesser de vous en soucier. Vous n'avez pas à ressentir le manque, l'absence ou la peur de manquer. Vous n'avez pas à prendre du temps à remarquer qu'il n'est toujours pas là. Vous pouvez développer la certitude à mille pour cent qu'il est déjà là, et passer plus de temps à changer votre niveau de conscience ou de focalisation pour pouvoir voir l'opportunité, lui dire oui, la recevoir et la voir se manifester.

Dès lors, au lieu de dépenser temps et énergie précieuse dans les soucis, les peurs et les doutes, vous vouez ce temps et cette énergie à amplifier et renforcer votre confiance intérieure, sans plus vous faire peur, dans l'aisance et l'ouverture à recevoir. Par ailleurs, rappelez-vous la loi de la polarité qui dit que l'univers est un tout complet. Vous aussi. Vous avez le même pouvoir que l'univers créateur qui manifeste et crée tout ce qu'il désire en le décidant. Tout ce que vous désirez est déjà là.

3. <u>Je sais déjà comment faire ceci</u>

Vous êtes déjà une créatrice ou un créateur puissant. Vous maîtrisez déjà le processus de création, parce que vous créez à longueur de journée. Tous les jours, depuis votre naissance, vous créez - par défaut souvent, mais en lisant ceci, vous le ferez de façon consciente et délibérée désormais.

Notez tout ce que vous avez déjà créé comme désirs, même si ce n'était pas conscient. Vous avez déjà obtenu ce que vous vouliez, parce que vous évoluez dans un monde qui crée par la pensée, et vous disposez de mécanismes de création innés. Ces mécanismes vous permettent de créer votre monde, et vos désirs à partir de vos choix et de vos préférences. Votre inconscient est une machine créatrice incroyable. La seule chose qu'aucune autre forme de vie sur la planète n'a pas, c'est cette capacité de choisir. Nous, êtres humains, sommes les seuls à avoir le libre arbitre.

Nous, êtres humains, nous sommes également des créateurs nés, et des souverains de nos créations. Cela signifie que vous pouvez apprendre de nouvelles choses, peu importe votre âge. Vous pouvez changer. Vous pouvez vous adapter et grandir à n'importe quel âge. Et rappelez-vous que vous êtes déjà complets. Vous êtes déjà le tout. Vous êtes divin.es.

En même temps, en tant qu'êtres humains, nous vivons dans un monde d'illusions, et nous captons et entretenons certaines de ces illusions en chemin. Nous faisons certaines expériences dans notre enfance que nous répétons ensuite de façon automatique et inconsciente. La magie que nous offrent cet univers et la partie divine en nous, c'est de lâcher ces illusions. C'est de les dépasser. En prenant conscience qu'elles existent.

Jeu d'Abondance

Voici un jeu intéressant : trouvez des histoires de personnes qui vous ressemblent ou qui ont effectué votre parcours. Des personnes ordinaires comme vous, qui ont réalisé le désir que vous voulez réaliser. Des sortes de modèles. Le monde est rempli d'histoires d'êtres étonnants, qui étaient soi-disant 'trop vieux', 'trop jeunes', fauchés, malades, trop avancés sur leur temps, qui avaient trois ou cinq enfants, qui étaient pauvres, qui exécutaient deux ou trois emplois en même temps - ce qui m'est arrivé à un moment de ma vie - qui allaient à l'école, qui ont divorcé, qui ont vécu des situations relationnelles très difficiles, et qui ont créé ce que vous voulez créer malgré tout.

En dépit de ces 'excuses' que beaucoup de personnes se donnent, elles ont dépassé ces illusions et ont créé leur vie de rêve.

1.   Faites une recherche sur Internet et regardez ce que ces personnes ont créé et comment elles l'ont fait. Inspirez-vous de l'état d'esprit de ces personnes qui vous ressemblent et qui ont réussi - malgré tout - ce que vous voulez réussir.

2.   Puis, observez vos propres créations. Faites la liste des dix choses que vous avez déjà créées dans votre vie et pour lesquelles vous êtes fière et heureux.

Et ne vous arrêtez pas à dix. Cette liste peut contenir trente créations, cinq cents créations, voire même milles créations. Générer cette liste est un processus de révélation. Vous n'avez peut-être pas accès aux souvenirs de toutes ces créations ici et maintenant, mais dans les jours qui viennent, vous vous les rappellerez une par une. Votre corps va vous les rappeler. Vos cellules vont ramener ces souvenirs à votre mémoire. Notez-les.

Tout est parfait et vous savez déjà comment faire tout ceci. Vous savez déjà comment manifester. Vous savez déjà comment réussir ce projet ou ce désir que vous voulez voir prendre forme. Vous le savez. C'est déjà inscrit dans vos cellules.

Je reçois l'inspiration de vous proposer une croyance en bonus. Une croyance qui va renforcer les trois premières croyances - que vous voulez transformer en déclarations à partir d'aujourd'hui, pour les ancrer dans vos cellules et amplifier leur effet et leur impact sur votre vie.

4.   <u>Il y a toujours un moyen.</u>

Cette croyance découle directement de la loi de la polarité qui dit que tout ce que vous désirez est déjà là, puisque chaque désir est un tout. Si tout ce que vous désirez est déjà là, le chemin qui y mène existe déjà. Dès lors, placez-vous dans la situation où tous les repères menant à la création de votre désir sont déjà manifestés. Les preuves sont là. Je viens de vous démontrer que tout ceci est vrai. La loi de la polarité existe. Tout ce que vous désirez est déjà là. Vous savez comment manifester depuis que vous êtes né, et depuis que vous êtes incarné, donc depuis la nuit des temps puisque si vous croyez en la réincarnation, ce n'est pas la première fois que vous vibrez dans un corps physique. Vous êtes un créateur et une souveraine née. Vous pouvez vous adapter et grandir. Et puis, il y a suffisamment de preuves autour de vous que vous êtes capable de recevoir et de créer ce que vous désirez.

Restez dans cette vibration où vous faites 'comme si' et en même temps, vous savez que ceci est vrai. C'est la vérité. C'est votre vérité. C'est votre être. C'est votre essence. C'est votre substance d'origine qui vibre à l'intérieur de vous.

Maintenant, pensez avec ce Savoir du Tout. Pensez à ce but audacieux et très excitant que vous voulez manifester. Ressentez tout ce Savoir, ce Pouvoir, cette Puissance en vous, et posez-vous la question :

« Quelles nouvelles possibilités sont disponibles pour moi ? »

Recevez les réponses et notez-les.

Continuez à renforcer ces quatre croyances de base à l'intérieur de vous pour que vos manifestations soient aisées et faciles. C'est votre raccourci.

Je vous les rappelle :

- *Manifester (l'argent) est aisé et facile pour moi.*
- *Tout ce que je désire est déjà là.*
- *Je sais déjà comment faire ceci.*
- *Il y a toujours un moyen.*

Répétez-vous ces quatre croyances, au point de les transformer en déclarations et convictions intérieures. Vous les déclarez à l'univers et vous ressentez à mille pour cent leur Vérité.

Ensuite, choisissez un désir que vous voulez voir se manifester rapidement, placez-vous dans le film de ces quatre croyances 'comme si tout était déjà réalisé', et ouvrez-vous à recevoir la manifestation.

L'important, c'est de jouer le jeu, et je sais que dans cette communauté, beaucoup d'entre vous adorent jouer. Aussi, décidez à quoi vous allez consacrer cet outil, et ces nouvelles déclarations, et tous les soixante jours, vous pouvez décider de manifester un nouveau désir à l'aide de ces quatre croyances.

C'est un jeu avant tout. Ces quatre croyances transformées en déclarations font tout le travail pour vous. Vous aurez envie de passer à l'action également, ou de vaquer à vos occupations, et vous le ferez avec ce nouvel état d'esprit porteur, ouvert.e à recevoir, conscient.e que vous êtes avant tout divin et divine et dès lors, puissant créateur ou créatrice et souverain.e - quoi qu'il arrive, à tout moment, chaque jour.

Que la joie et l'abondance vous accompagnent tous et toutes.

6 - MES ACTIONS INSPIREES
SIXIEME MOIS

Aujourd'hui, j'applaudis ma vie
et je m'attends aux miracles.

- Déclarez et ressentez la vérité de ces quatre déclarations :
  - *Manifester (l'argent) est aisé et facile pour moi.*
  - *Tout ce que je désire est déjà là.*
  - *Je sais déjà comment faire ceci.*
  - *Il y a toujours un moyen.*
- Choisissez un désir que vous voulez voir se manifester.
- Ouvrez-vous à recevoir sa manifestation.
- Jouez ces jeux à fond.
- Passez à l'action avec un état d'esprit porteur.
- Demeurez ouvert.e à recevoir.
- Soyez conscient.e d'être avant tout divin.e.
- Soyez conscient.e d'être puissant.e et souverain.e, quoi qu'il arrive.

VENEZ TÉLÉCHARGER VOTRE BONUS

Visitez la page qui vous est exclusivement réservée à vous, chers lectrices et lecteurs de ce livre :

https://aficea.com/abondanceensamusant

Téléchargez les 6 Jeux de Manifestation de l'Abondance, qui vous permettent de Jouer avec votre Allié, l'Argent, et de vous Installer dans le Flux de l'Abondance !

SEPTIEME MOIS
Attirez une prospérité considérable

Vous le savez maintenant, j'aime vous considérer comme des personnes qui vibrent la substance divine jusque dans la moindre de vos cellules et qui dès lors sont financièrement et spirituellement alignées sur qui vous voulez être et qui vous êtes divinement. Je vous vois comme des personnes abondantes, intelligentes, généreuses, libres et solides. Grâce à la mise en pratique des outils de ce livre, vous renforcez votre fondation de confiance, d'assurance, de clarté et d'amour-propre.

Comme à chaque chapitre, aujourd'hui je vous propose de continuer à admirer tous les miracles qui se produisent sous vos yeux. Certaines personnes vous diront qu'il n'y a pas de magie dans la vie, ni dans leurs affaires, ni dans leur emploi. La magie, c'est nous-même qui la créons par notre manière d'envisager la vie, d'envisager notre activité, notre emploi, notre relation de couple ou notre santé. C'est ce que je vous invite à faire encore une fois ici.

Décidez que vous vivez une vie magique, que vous avez une santé magique, que vous avez des relations magiques, et que plus vous reconnaissez votre vie, votre santé ou vos relations comme magiques et merveilleuses, plus elles le deviennent. C'est ainsi que vous renforcez cette magie dans votre monde intérieur et extérieur.

Dites-vous également que chaque jour est un nouveau jour. C'est une nouvelle possibilité de recommencer à zéro, de repartir sur de nouvelles bases vibratoires, de vous rappeler que vous êtes l'énergie pure, la joie pure et l'abondance pure, d'argent, de manifestations aisées et faciles, pour vous et pour les autres. Applaudissez votre vie. Applaudissez-vous en tant qu'être créateur. Attendez-vous aux miracles et lâchez le 'comment' à l'univers.

Votre mantra

Voici le mantra qui va être déterminant pour la suite de votre parcours. Il va vous aider à cesser de croire que vous devez faire beaucoup d'effort, travailler dur et compliquer les choses :

> ### *La magie et les miracles sont là*
> ### *pour me soutenir et pour faciliter les choses.*

Dès lors, attendez-vous aux miracles. Ouvrez-vous à eux chaque jour, tout le temps, que ce soit à l'intérieur, en vous, ou à l'extérieur. Anticipez ces merveilleux rendez-vous avec les miracles, qui peuvent prendre la forme d'une opportunité, d'un désir réalisé, d'un client idéal, d'un partenaire idéal, d'un mentor idéal.

Dans ce chapitre, je vais vous inviter à attirer une prospérité 'considérable'. Pas seulement la prospérité, mais une prospérité considérable. Une forme de prospérité qui vous inspire à élargir votre zone de confort.

Commencez par vous posez la question :

Quel est le meilleur moyen d'attirer une forme de prospérité considérable ?

Je vous dis souvent que le 'comment', vous voulez le laisser aux mains de l'univers. C'est vrai, et en même temps, vous poser cette question vous ouvre l'esprit. Cela vous ouvre également aux opportunités et aux possibilités infinies de l'univers :

- *Quel est le meilleur moyen, selon mes critères et mes valeurs à moi, d'attirer, de manifester, de créer une prospérité considérable ?*
- *Quelles sont les options possibles ?*

Si vous le saviez au niveau de l'intellect, vous seriez déjà en train d'attirer ce type de grande prospérité.

Avant de vous poser cette question et de lâcher le comment aux mains de l'univers, vous voulez trouver le moyen de sortir de l'histoire financière qui vous a tiré vers le bas jusqu'ici, et qui continue à le faire de façon cyclique. C'est l'histoire financière de beaucoup de personnes sur la planète : vous arrivez à peine à vous en sortir. Vous avez l'impression d'avoir juste la tête hors de l'eau, et de toujours fonctionner au jour le jour. Vous avez 'juste assez' pour survivre.

Pour vous ouvrir à recevoir la réponse à cette question, rappelez-vous que tout est déjà là. Nous l'avons abordé dans le chapitre précédent. Tout ce que vous désirez est déjà là.

La formule de la prospérité considérable est juste sous votre nez et vous n'en êtes pas conscient.es. Vous ne la voyez pas. La formule est la même que pour toute situation ou projet qui vous paraît tellement énorme que vous ne vous y mettez pas : il suffit de faire un pas après l'autre.

Avancez un pas à la fois et cet énorme projet vous paraîtra tout à fait faisable.

Il en va de même pour manifester votre prospérité considérable. Peu importe que vous désiriez exploser votre plafond de rentrées financières à cinq, six, sept ou huit chiffres, la voie est toujours la même : vous commencez là où vous êtes, et vous avancez d'un niveau de revenu à l'autre en lançant une intention à la fois. Vous progressez d'intention en intention, de niveau de rentrées en niveau de rentrées. Par incréments, ou en un grand saut.

Définissez votre But Financier Audacieux

Chaque année, j'encourage mes client.es et lecteurs/lectrices à se donner un nouveau but financier audacieux. Choisissez un but financier qui vous sort de votre zone de confort. Je le fais moi-même tous les soixante jours. Soit, je choisis un montant spécifique, soit je regarde ce que j'ai manifesté la dernière fois, et je double ou je triple le montant. C'est un jeu que j'adore jouer car il me fait faire des sauts quantiques. Je suis quelqu'un de très audacieux et comme j'ai déjà une belle expérience en matière de manifestation considérable de rentrées et que je sais que cela fonctionne, je peux m'autoriser et me donner comme défi de doubler ou tripler, voire décupler mes rentrées.

Ma focalisation pendant plusieurs années a été de doubler mes rentrées, et puis de doubler mon bénéfice. Bien sûr, je ne me focalise pas sur cet objectif tous les jours parce que sinon, j'aurais l'impression de me mettre la pression et de vouloir forcer les choses - ce qui ne ferait que renforcer l'histoire financière ancienne que l'argent est difficile à manifester et qu'il faut travailler dur pour réussir. Mon inspiration et ma créativité se verrait amoindrie, voire étouffée. Elle serait mise à mal et le flux de la prospérité également, puisque je ne vibrerais plus l'enthousiasme, la joie ou la passion mais bien le stress et la pression.

Dès lors, je me donne d'abord un délai suffisamment large, pas nécessairement à trente jours. Je ne subdivise pas non plus le montant annuel que je me donne, en douze mois. Je le subdivise plutôt en délais de soixante jours parce que cela ôte la pression de mon mental.

Si j'ai un délai de trente jours seulement, dès le vingtième jour, voire même le dixième pour certains, le mental risque de penser : « *Tu vois. Cela ne fonctionne pas. Il faut que tu fasses ceci et cela, vite, vite…* » Il vous fait revenir dans l'énergie des "*Je dois*", "*Il faut*", alors qu'avec un délai de soixante jours, même si pendant les trente premiers jours vous n'avez pas atteint la moitié de ce que vous aviez prévu de créer ou de manifester, l'élan est là et l'enthousiasme également. Il vous reste trente jours, tout le temps du monde pour vous laisser inspirer de nouvelles actions rapides.

Ensuite, je choisis le montant annuel que je désire manifester, divisé par six, et je me focalise sur ce montant pour les soixante jours à venir. Selon le montant choisi pour les soixante jours, disons que je me focalise sur des incréments de cinq mille euros ou dollars à la fois, parce que je sais que c'est un montant qui m'est aisé et facile à manifester. Ainsi, je renforce mon muscle du succès et de la confiance en moi. Pour d'autres, ce sera peut-être dix mille euros ; pour d'autres encore, ce sera mille euros ou dollars, peu importe. Vous choisissez un montant qui vous paraît aisé et facile.

Imaginons que nous sommes déjà presque à la fin du mois et que, pour faire face à une facture ou pour atteindre mon but financier, j'ai besoin de manifester dix mille euros de plus ce mois-ci. Je vois qu'il ne reste que cinq jours sur le mois, aussi plutôt que de paniquer en me disant : « *Ouh, là, là. Comment vais-je générer ces dix mille euros ?* », je choisis de fonctionner par incréments de cinq mille euros, et je me laisse inspirer une action pour manifester les premiers cinq mille. Dès qu'ils sont manifestés, je me focalise sur les suivants.

Il arrive parfois que les cinq mille demandés se manifestent en différents petits montants. Vous recevez d'abord cinq cents euros, puis 4.500. A d'autres moments, vous verrez que vous recevrez les cinq mille euros en une fois. Si vous voyez que cela devient régulier et cyclique, vous augmentez le montant, et plutôt que de vous focaliser sur des incréments de cinq mille euros, vous commencez à vous focaliser sur des incréments de six ou sept mille euros, selon les montants qui sont rentrés aisément et facilement dans votre monde sur les trois derniers mois.

L'important pour jouer ce jeu, c'est de ne pas entrer dans la peur de manquer ou d'échouer, lorsque vous voyez que l'argent n'est pas rentré depuis plusieurs jours. Maintenez votre énergie focalisée sur la confiance que vous obtiendrez votre résultat final, peu importe ce qui est en train de se passer ici et maintenant.

Nous avons parlé des trois (même quatre) croyances qui facilitent la manifestation au dernier chapitre. J'ai une autre déclaration à vous proposer, qui va vous aider à rester focalisé.e sur la confiance et la conviction que vous allez atteindre votre but, quoi qu'il arrive :

Tout est toujours en très bonne voie pour moi.

Lorsque vous dites que tout est toujours en très bonne voie pour vous, vous reconnaissez que quatre-vingt-dix-neuf pour cent de la manifestation sont déjà réalisés dans l'invisible, indépendamment de ce que vous faites concernant le dernier pourcent. Le fait de vous répéter cette déclaration vous aide à lâcher la tension et la pression que vous vous mettez, pour le meilleur.

Faire preuve d'appréciation est aussi un énorme atout, surtout lorsque vous voulez passer du niveau de la survie, qui est celui de beaucoup de personnes sur la planète en ce moment, à un niveau d'épanouissement et de prospérité financière. Ainsi, vous voulez apprécier et même être tout excité de constater une rentrée de vingt euros dans votre compte, ou de trouver cinquante cents par terre. Vous voulez avoir le même niveau d'enthousiasme pour ces cinquante cents que pour mille euros. C'est une question d'énergie. Vous voulez prouver à l'univers, et surtout à vous-même, que vous êtes en train de focaliser votre énergie d'une façon qui vous ouvre à recevoir les rentrées et la richesse demandée, peu importe le montant. Toute quantité de prospérité qui rentre dans votre monde, vous voulez l'apprécier à sa juste valeur.

Maintenant, je vais rassurer les personnes qui se disent : « *Oui mais… que faire si j'ai oublié de définir mon intention de rentrées pour les soixante jours à venir ?* ». Dans ce cas, vous ne voulez certainement pas vous juger, ni vous culpabiliser. Acceptez-le simplement et reliez-vous à votre voix intérieure en lui demandant comment vous pourriez vous aligner sur plus de prospérité. Placez un montant sur la prospérité désirée, ou éprouvez le sentiment de surabondance que vous désirez atteindre. Vous recevrez des réponses intéressantes et très différentes de celles que votre mental vous offrirait au niveau inférieur.

Voici certaines des réponses que je reçois, personnellement. Ma voix intérieure me dit souvent :

- *« Fais confiance à ce qui est en train d'arriver. »*
Sous-entendu : *« Tu ne peux rien faire de plus que ce que tu as fait jusqu'ici. »*

Cela m'arrive surtout dans les moments où je me mets trop la pression. J'ai l'impression d'avoir fait tout ce que je pouvais faire, et malgré tout, une voix en moi veut me pousser à faire plus. Lorsque je prends le temps de m'assoir, de méditer et de poser cette question : *« Que puis-je faire pour m'aligner sur plus de prospérité ? »* souvent, la voix me dit : *« Fais confiance à ce qui est en train d'arriver. »* ou *« Fais confiance à ce qui est là. »*

- Elle me dit également : *« Développe ton enthousiasme pour ce que tu fais, et imagine le bien-être et le bonheur que tu apportes aux autres, ou la différence que tu apportes dans leur vie. »*

Cette réponse, je la reçois lorsque je suis trop dans le 'faire' et pas assez dans 'l'être'. Je veux trop faire de choses, alors que ce qui faciliterait la manifestation, ce serait d'élever mon niveau d'enthousiasme par rapport à ce que je fais, ma passion, et me relier aux personnes qui en bénéficient.

- Troisième réponse que je reçois souvent, c'est : *« Anticipe joyeusement ce que cet argent va te permettre d'acheter. »*

Dans ce cas, ce sont mes croyances financières que mon âme me demande d'élever à un niveau d'anticipation joyeuse - pas seulement à propos des chiffres ou de l'argent, mais bien en imaginant l'au-delà de la manifestation. L'argent est là. Le désir est réalisé. Ouah ! Qu'est-ce que je fais avec cet argent ?

- Et enfin, une dernière réponse que je reçois souvent, c'est : *« Relies-toi au cœur de tes futurs clients / partenaires / rencontres / désirs / projets. »* Là, j'aime imaginer que mon âme se relie à l'âme de mes futurs clients. Je vois comme un fil de lumière qui va toucher l'âme d'autres personnes. Attention : sans but de manipulation ou d'influence. C'est un pur lien de cœur à cœur, et d'âme à âme. Et j'aime m'émerveiller en imaginant la magnifique 'toile de lumière' que cela crée dans l'espace invisible.

Remarquez comme ces réponses sont principalement liées à 'l'être'. En effet, lorsque nous posons des questions à notre intuition, lorsque nous demandons : *Comment faire ? Que faire ?* cela montre bien que nous sommes trop dans le faire. Votre être intérieur, la Source en vous, vous répondra souvent par des réponses liées à l'être :

-   *« Sois plus dans la confiance que c'est en train d'arriver. »*
-   *« Sois plus dans l'enthousiasme face à cette merveilleuse œuvre que tu es en train de créer. »*
-   *« Sois plus dans l'enthousiasme face à ce que tu vas pouvoir acheter avec l'argent ou ce que tu vas pouvoir offrir, donner ou servir. »*
-   *« Relie-toi par le cœur à tes futurs clients ou désirs. »*

Aujourd'hui, je fais totalement confiance aux réponses que je reçois et qui ne m'ont jamais déçue, puisque lorsque je les applique, je me sens beaucoup mieux. Je ne suis plus dans le stress ni dans la pression de vouloir forcer les choses. Je suis dans la confiance.

La confiance est la seule voie de création de votre prospérité considérable.

La confiance accrue, en vous focalisant sur un incrément de rentrées d'argent à la fois. Très vite, vous verrez que ces incréments augmentent, que vous développez l'attitude de la prospérité et même de la surabondance, qui installe la paix en vous à tout moment. Vous n'aurez plus d'histoire financière passée à tirer derrière vous. Vous l'aurez lâchée. Voilà ce qu'est la véritable prospérité.

La véritable prospérité, c'est de pouvoir créer
la surabondance que vous choisissez de créer,
dans la confiance et dans la paix.

C'est ce que je vous souhaite de tout cœur. Prenez le temps de mettre ceci en pratique, de jouer au jeu suivant, et voyez ce qui se passe dans votre vie en l'appliquant.

Jeu d'Abondance

- Vous choisissez un désir que vous voulez manifester pour des vacances, voyages, projet, investissements financiers, une maison, vêtements, changer votre garde-robe, ou pour une mission, ou une carrière que vous voulez développer.

- Liez cela à un chiffre ou à un montant que vous aimeriez manifester pour l'année qui vient.

- Et puis, décidez du montant audacieux que vous voulez manifester dans les soixante jours qui viennent.

- Reliez tout cela à un grand pourquoi. Pourquoi voulez-vous développer cette carrière, changer votre garde-robe, acquérir ce bien, faire ce voyage.

- Répétez-vous les déclarations que nous avons vues au chapitre précédent.

o "Manifester (l'argent) est aisé et facile pour moi"
Vous pouvez même aller plus loin en disant : « *Manifester ce montant de…* », « *Manifester ce voyage à…* », « *Manifester cette nouvelle activité… est aisé et facile.* »

o "Tout ce que je désire est déjà là."
Là aussi, vous pouvez affiner votre déclaration en disant :

« Cette carrière est déjà là. », « Ce voyage est déjà là. », « Cette nouvelle garde-robe est déjà là. »

o   "Je sais déjà comment faire ceci."
Je sais déjà comment créer ce genre de chose.

o   "Il y a toujours un moyen."
Répétez cette déclaration souvent, pour les moments où votre mental vous fait douter de la possibilité de recevoir ce que vous désirez

o   Rajoutez la déclaration que je vous ai proposée dans ce chapitre : "Tout est toujours en très bonne voie pour moi. »
« Tout est toujours en train d'opérer en ma faveur, dans l'invisible comme dans le visible ».

Même si dans le visible, les apparences vous semblent indiquer le contraire. Le plus difficile à gérer, c'est d'arriver à ne plus trop observer ces 'apparences' qui nous paraissent vraies, que nous appelons d'ailleurs notre 'réalité' physique, financière, relationnelle, ou professionnelle, et à pouvoir les considérer comme des illusions, comme un brouillard qui reflète la confusion qu'il y avait dans notre tête, dans nos croyances et dans nos pensées du passé. Il s'agit d'arriver à reconnaître qu'aujourd'hui, nous avons fait la clarté sur ce que nous voulons, et à croire que nous pouvons voir à travers ce brouillard.

Car au-delà du brouillard, au-delà de cette soi-disant réalité qui nous paraît bien physique et manifeste, se trouve notre désir réalisé. Aussi, décidez d'aller à la rencontre de votre désir réalisé comme s'il était déjà entré dans votre monde, même s'il existe encore ce brouillard entre vous et lui. Ce brouillard est une illusion, un voile tendu par votre mental qui veut vous maintenir dans les peurs et les limitations, qui lui permettent de garder un contrôle sur vous et de jouer son rôle de protecteur. Même si vous n'en avez pas besoin là maintenant.

Pratiquez l'attitude de la prospérité

Répétez-vous : « *Tout est toujours en très bonne voie pour moi.* », surtout dans les moments où vous avez l'impression que tout s'écroule, ou que tout ce qui paraissait bien se préparer est en train de changer direction.

« *Tout est toujours en très bonne voie pour moi. À chaque seconde, à chaque minute, l'univers est en train de concourir en ma faveur. Il est en train de tout faire pour m'amener ce que j'ai demandé. Il est en train de m'envoyer ses milliards d'agents visibles et invisibles, même si je ne les vois pas et que je ne les connais pas. Énormément de personnes œuvrent pour mon bien-être dans le visible. L'univers les envoie exactement là où ils doivent être ici et maintenant pour que mon désir se manifeste. La seule tâche que j'ai à faire, c'est de m'ouvrir à recevoir ce désir.* »

Ces cinq déclarations vous aident à vous ouvrir à recevoir votre désir :

- *"Manifester est aisé et facile pour moi."*
- *"Tout ce que je désire est déjà là."*
- *"Je sais déjà comment faire ceci."*
- *"Il y a toujours un moyen."*
- *"Tout est toujours en très bonne voie pour moi.*

Jouez ce jeu puissant. Inlassablement. Observez ce qui se passe pour vous dans les soixante jours qui viennent. Regardez ce que répéter ces déclarations encore, encore et encore, vient renforcer en vous. Voyez ce que cela ouvre comme portes pour vous.

Alors même qu'auparavant votre chemin comportait beaucoup de feux qui tournaient au rouge à votre passage, là tout d'un coup, vous arrivez à un carrefour, le feu passe au vert et vous n'avez pas besoin de vous arrêter. Votre progression devient fluide. Le flux est fluide dans vos cellules, dans vos pensées, dans vos nouvelles croyances, dans vos nouvelles déclarations et dans vos manifestations également. C'est ce que je vous souhaite à tous et à toutes : cette fluidité qui provient de la confiance que vous vous donnez en tant que maître-créatrice et créateur, souverain.e de votre vie, et de la confiance que vous donnez à l'univers qui est en vous, puisque nous sommes le Tout et nous ne faisons qu'Un avec le Tout.

Je vous souhaite beaucoup de joie, et de plaisir avec ce jeu. Observez ce qui s'ouvre pour vous lorsque vous vous donnez l'autorisation de pratiquer ce jeu chaque jour. Continuons à créer et à manifester ce que nous désirons. Dans vos moments de contrastes et de doutes, répétez les cinq déclarations pour les ancrer dans vos cellules et surtout, amusez-vous. Détendez-vous. Soyez fluide et doux dans votre vie et dans votre activité.

Que la joie et l'abondance vous accompagnent tous et toutes.

7 - MES ACTIONS INSPIREES
SEPTIEME MOIS

**La magie et les miracles sont là
pour me soutenir et pour faciliter les choses.**

- La véritable prospérité, c'est de pouvoir créer la surabondance que vous choisissez de créer, dans la confiance et dans la paix.
- Votre progression est fluide.
- Le flux est fluide dans vos cellules, vos pensées, vos nouvelles croyances, vos nouvelles déclarations et vos manifestations.
- Faites-vous confiance en tant que maître-créatrice et souverain.e de votre vie.
- Vous ne faites qu'Un avec le Tout.
- Donnez-vous l'autorisation de pratiquer ces jeux chaque jour.
- Détendez-vous, et soyez fluide et doux avec vous-même dans votre vie et dans votre activité.

VENEZ TÉLÉCHARGER VOTRE BONUS

Visitez la page qui vous est exclusivement réservée à vous, chers lectrices et lecteurs de ce livre :
https://aficea.com/abondanceensamusant
Téléchargez les 6 Jeux de Manifestation de l'Abondance, qui vous permettent de Jouer avec votre Allié, l'Argent, et de vous Installer dans le Flux de l'Abondance !

HUITIEME MOIS
Que faire quand votre grand rêve semble inaccessible

Nous vivons dans un univers qui est tel un miroir. Tout ce qui est extérieur à nous est le reflet de ce qui vibre à l'intérieur de nous. Et tout ce qui est extérieur à nous est une illusion. Et le créateur de cette illusion, c'est nous. Nous créons chacun notre monde et notre univers en fonction de ce que nous croyons, de ce que nous pensons, de ce sur quoi nous nous focalisons la plupart du temps.

Vous êtes, chacun et chacune, un créateur ou une créatrice pourvu.e de qualités divines. Certaines de ces qualités sont déjà bien installées. Leurs fondations sont là. Et d'autres, demandent à être amplifiées et à prendre plus de place. L'abondance, l'intelligence, la générosité, la liberté et la solidité sont bien là, grâce à ce que vous pratiquez dans ces pages. Renforcez vos fondations de confiance, d'assurance, de clarté et d'amour-propre.

Vous pouvez atteindre un rythme de croisière au niveau émotionnel - qui ne durera pas longtemps cependant, puisque dès que vous vous sentez à nouveau dans le flux, vous lancez une nouvelle fusée de désir qui crée de nouveaux contrastes. Et, vous voilà reparti.e sur les rapides émotionnels provoqués par vos peurs et vos croyances. Heureusement, ces limitations, une fois dépassées, vous rapprochent encore davantage de Qui vous êtes réellement.

Dans ce chapitre, je vous encourage encore une fois à vous émerveiller, comme un.e enfant, des miracles que produisent la vie, votre activité ou votre emploi. Anticipez la magie. Dites-vous que chaque jour est un éternel recommencement. Chaque soir, avant de vous endormir, nettoyez le tableau de la journée qui vient de passer. Effacez tout ce que vous avez dit, fait et vibré.

Ainsi, le lendemain matin, vous pouvez repartir de zéro - à moins de choisir inconsciemment de porter les vêtements émotionnels de la veille. Décidez de commencer la journée avec une énergie pure. Répétez-vous que vous êtes la prospérité, l'abondance et même la surabondance de l'univers. Et attendez-vous aux miracles. Anticipez-les joyeusement.

Je vous recommande de lire et relire les passages des chapitres qui vous interpellent, car ceux-ci sont fort denses. Les exercices proposés valent la peine d'être réexécutés. Offrez-vous en cadeau cette forme de discipline intérieure et extérieure, chaque jour. Autorisez-vous à écouter, visionner ou relire ce qui vous aide à vous sentir mieux et ce qui vous élève. En début de journée, en cours de journée et avant d'aller vous coucher. Pour maintenir votre alignement sur ce qui vous fait du bien et sur ce qui vous rappelle Qui vous êtes réellement. Vous n'êtes pas la petite personnalité qui lutte pour avancer, qui a tendance à retomber dans ces anciens travers et ses anciennes certitudes qui ne sont que des illusions. Vous êtes la Présence Divine qui sait que vous êtes Grand.e. Aussi, voyez-vous Grand.e, et osez Vouloir Grand pour sortir de votre petitesse.

Votre mantra

Lorsque vous vous entendez dire : « *Je ne sais pas ce que je veux. Je ne vois pas ce que je devrais faire là maintenant. Je ne suis pas sûr.e. J'ai peur.* » - ces phrases qui sapent le moral et que votre mental vient régulièrement jeter en travers de vos roues, rappelez-vous :

La vie est avant tout une aventure.

Vous êtes une aventurière ou un aventurier avant tout. Au cours de cette aventure, il est normal de ressentir de l'incertitude ou des peurs face aux obstacles. Cela fait partie de l'aventure. Même si vous pratiquez le mantra que la manifestation est aisée et que votre voie est aisée.

Ne pas (encore) voir les miracles ne veut pas dire qu'ils ne sont pas en train de se produire. Cela ne veut pas dire que vous êtes seul.e. Et cela ne veut pas dire que vous êtes sur la mauvaise voie. Rappelez-vous quatre-vingt-dix-neuf pour cent de la manifestation se produit d'abord dans l'invisible. Maintenez votre confiance dans cette conviction.

Le jour où vous serez prêt.e, le jour où votre bateau arrivera au port ou que vous verrez vote nouveau havre de paix approcher – ce jour où vous verrez la manifestation se produire sous vos yeux – ces sentiments de confusion, de peur et d'anxiété feront partie de vos souvenirs les plus amusants.

Aujourd'hui, comme à tout moment, vous êtes exactement là où vous avez besoin d'être, ici et maintenant. Aussi, chaque fois que vous voyez des difficultés surgir, frottez-vous les mains en vous disant : « *Ouah ! C'est fascinant. J'ai créé cela. Cela fait partie de l'aventure. Cela va me permettre de faire un grand saut en avant. Des miracles sont en train de se produire pour moi, pendant ce temps. La Source est avec moi. Ses innombrables agents visibles et invisibles concourent en ma faveur. Je suis toujours sur la bonne voie.* » Ceci vous aidera à poursuivre votre chemin vers vos grands sauts.

Lorsque votre grand rêve vous semble inaccessible, il est crucial de penser à vous réaligner ainsi. Sinon, inconsciemment, vous repoussez votre désir. Ce n'est pas ce que vous voulez faire.

Cette année, je me suis choisi un énorme but. Et, comme je le disais dans un chapitre précédent, je suis quelqu'un d'audacieux. J'aime me donner des défis, et je les ai tous manifestés jusqu'ici. Or, même si je sais que j'obtiens toujours ce que je désire, ce but me paraît très grand. Et il me demande de lâcher de nombreux éléments mis en place depuis des années. Il me demande de développer de nouvelles croyances au niveau financier. Et il me promet une transformation de vie magistrale.

Il représente un Désir que de nombreuses personnes voudraient obtenir également, et en même temps, très peu de personnes y arrivent. Donc si je regarde là où j'en suis, mon expérience, mon vécu, mon expertise, je me donne trois à cinq ans pour y arriver. Etant donné que je suis quelqu'un de très optimiste, je dirais trois ans. Cependant, la petite voix en moi qui est moins optimiste, me parle de cinq ans. Personnellement, je reste focalisée sur trois ans, car je suis sûre que je peux y arriver plus vite. C'est une entreprise que beaucoup de personnes n'arrivent à mettre en œuvre que sur une durée de dix ans, voire plus, bien qu'avec internet aujourd'hui tout va plus vite.

Nombreuses sont les personnes qui renoncent à leur désir grandiose. Ce qui m'a fait penser à la taille d'un désir et au délai que l'on se donne pour la manifestation d'un désir.

C'est le bon moment pour moi d'y penser, face à ce grand saut que je me suis proposée de faire, qui me fait peur, qui me semble inaccessible et qui me ramène aux aspects terre à terre de la vie en trois dimensions : l'espace et le temps.

Lorsque vous commencez à bien comprendre les lois universelles, comme la loi du désir, et comment manifester, vous commencez à vous poser ce genre de questions liées à la ligne du temps que nous avons apprise au cours d'histoire de notre enfance. Le temps linéaire dans ce monde en trois dimensions est une mesure utile, parce que les délais nous permettent de clarifier notre vision. Ils suscitent une forme de focalisation laser grâce à la mini-pression créée par les chiffres du temps. Ce délai nous maintient sur notre fil rouge. Notre vision s'éclaircit. Il nous permet également de nous responsabiliser par rapport à notre désir. Plutôt que de le laisser flotter tel un souhait léger lancé dans le vague, cette mesure du temps nous offre des paramètres qui nous permettent de prendre des décisions et qui nous inspirent à avancer. C'est un cadre intéressant pour évoluer et grandir. Et une fois le cadre placé, tout est possible. Votre créativité peut décoller.

En même temps, il y a l'effet inverse. Dès que nous introduisons un délai, celui-ci installe une forme de pression. Notre dialogue intérieur se réenclenche, du fait de nos expériences passées et des 'on-dit', comme « *Oui, mais pour développer une forme de maîtrise ou apprendre quelque chose de nouveau, il faut un certain nombre de mois, voire d'années.* » Sans parler du dialogue intérieur lié au fait que notre désir n'est pas encore manifesté : « *Et pourquoi n'est-il pas encore là ?* ». Et toutes ces excuses que notre mental utilise pour nous protéger face au saut que nous voulons faire. Parfois, cette perception du temps que cela 'risque de' prendre ou que cela va 'devoir' prendre, nous désespère. C'est ainsi que nombre de personnes lâchent leurs grands désirs et ne veulent plus en avoir.

La bonne nouvelle, c'est que la manifestation dépend toujours et uniquement de vous et de vos croyances. Vous pouvez recevoir votre désir ou votre rêve en un délai très court et même bien plus court que ce que vous croyez. Lorsque quelqu'un me dit : « *Oui, mais si je veux devenir expert dans telle matière, il me faut suivre des études et donc, il me faut avoir au moins trois à cinq ans devant moi.* », je réponds :

Aujourd'hui, vous pouvez bien plus facilement vous connecter à la Source de toute connaissance et expertise, parce que le niveau de conscience d'un grand nombre de personnes a augmenté. Dès lors, nous bénéficions toutes et tous d'un accès beaucoup plus rapide et direct à la Source. Vous pouvez devenir expert.e dans votre domaine de prédilection en quelques nuits, voire quelques heures de focalisation sur votre demande de recevoir l'expertise de la Source, ou même de tel savant ou tel peintre formidable des siècles précédents. Connectez-vous simplement à son essence, ou à la Source de toute créativité. Tout cela est plus que possible aujourd'hui.

Les personnes créatrices les plus puissantes créent des résultats qui paraissent impossibles dans la réalité, étant donné les croyances véhiculées et entretenues par la société, parce qu'elles ont des intentions claires. Leur but est clair, ce qui leur permet de créer ce qu'elles désirent très rapidement. Elles n'éprouvent au-cune résistance face à leur Grand Désir. Regardez sur internet. Il y a suffisamment de modèles de personnes devenues millionnaires, voire milliardaires, juste avec une idée. Elles sont souvent issues de la jeune génération parce que les nouvelles générations naissent avec un esprit plus 'pur'. Elles n'ont pas encore eu le temps d'accumuler les résistances liées aux fausses croyances dont les anciennes générations ont été inondées. Elles arrivent plus 'vierges' que les anciennes générations. Leur énergie est dès lors plus pures. Par ailleurs, ces jeunes gens ont un autre élan, une autre vitalité et d'autres croyances qui leur permettent d'aller plus vite plus loin. Vous pouvez le faire également - quel que soit votre âge.

Au risque de me répéter – et il est prouvé que la répétition fixe l'attention, il y a deux grandes raisons pour lesquelles la manifestation instantanée n'est pas seulement possible, mais est la façon la plus naturelle pour nous de manifester :

1.   La loi de la polarité dit que **tout existe au complet, à tout moment**. C'est-à-dire que tout a son égal et son opposé. Il y a la présence et l'absence. Il y a ce qui est au-dessus et ce qui est en-dessous. La gauche ne peut pas exister sans la droite. Ce qui est en-dedans ne peut pas exister sans ce qui est en-dehors. Aussi, dès que vous lancez un désir sincère, un vrai désir, la manière de rendre ce désir manifeste existe déjà. Cette manière est déjà présente dans votre champ vibratoire. Tout ce que vous désirez est déjà là.

2.   La deuxième grande raison pour laquelle la manifestation instantanée est non seulement possible mais naturelle, c'est la physique quantique. Je ne suis pas une spécialiste de la physique quantique, aussi si ce sujet vous intéresse, je vous invite à lire les écrits de Pribram, Böhm et Einstein ainsi que d'autres experts et auteurs. Ce qui m'intéresse ici, c'est de vous rappeler que **tout existe dans l'ici-et-maintenant**. Tout le temps - que l'on appelle le présent, le futur et le passé, existe dans le maintenant, simultanément.

Il existe une simultanéité de tous ces temps enseignés à l'école, que nous apprenons erronément à concevoir comme des plans séparés et chronologiquement distincts. Alors qu'en réalité, ils s'enchevêtrent l'un dans l'autre. Ils sont simultanés. C'est la physique quantique qui le dit. Je simplifie ici.

Cela signifie que toutes les connaissances, les ressources et l'expertise dont vous avez besoin pour créer ce que vous voulez là maintenant, existe déjà, ici et maintenant. Elles existent déjà dans l'instant présent. Vous n'avez pas besoin d'attendre vingt ans. C'est ici et maintenant que vous les trouvez.

Et elles vous cherchent également. Dès lors, vous pouvez les avoir ici et maintenant. C'est un rendez-vous auquel vous allez. C'est ce que je vis moi-même au quotidien. Lorsque je cherche des informations à rajouter à une réflexion, ou à un article ou un chapitre que je suis en train d'écrire, je lance la demande à l'univers de rencontrer ces informations ou de recevoir une inspiration et elles m'arrivent dans les heures qui suivent. Tout dernièrement, elles me sont arrivées pendant une sieste. Ou alors, je les demande avant de m'endormir, et je les reçois en ouvrant mon ordinateur le matin. Une infolettre m'arrive avec les informations demandées.

La question que vous vous posez certainement, c'est : « *Oui, mais alors pourquoi est-ce que tout le monde ne reçoit pas son désir ici maintenant, puisque tout est là ici et maintenant ?*

La réponse, une fois de plus, nous ramène au fait que nous sommes des êtres divins incarnés dans un véhicule physique et humain. Même si nous sommes nés divins et que nous disposons de tout le pouvoir de la substance d'origine – dont la capacité de créer ce que nous désirons, nous sommes nés dans un corps limité qui est doté d'un mental limité. C'est un moteur de manifestations hyper puissant, et en même temps il nous bloque, il nous empêche de créer, d'atteindre et de recevoir ce que nous voulons réellement, parce qu'il est limité.

Pratiquer la magie de la manifestation, c'est danser dans cette forme de paradoxe. Nous sommes pourvus de cette capacité divine de création totale, et en même temps, nous sommes limités physiquement, et nous nous sentons limités mentalement. Pratiquer la magie de la création nous permet d'arriver à maîtriser tout doucement ce paradoxe : d'abord nous l'acceptons, nous ne luttons plus contre lui, et puis, nous le maîtrisons.

Nous ne sommes pas nés en 'sachant' comment manifester instantanément. Cela n'est pas le cas. Nous ne sommes pas nés en sachant comment créer instantanément un empire à plusieurs dizaines de millions d'euros ou de dollars, une activité à x milliers ou millions d'euros, une carrière d'auteur prospère, une relation entre âmes sœurs harmonieuse ou tout autre rêve sincère.

Nous sommes nés avec un but, le but de notre âme, et le désir intérieur d'amener ce but à se manifester. Nous sommes nés avec le désir. Nous ne sommes pas nés avec le savoir. Nous l'acquérons au fur et à mesure de notre vie et de nos expériences. Nous sommes nés avec le désir, le carburant du savoir, le carburant qui nous mène vers plus de savoir. Et cependant, le voyage - cette quête du comment, la voie de la manifestation, dépend de nous. La manière dont nous allons vivre le voyage dépend de nous. Le comment, c'est l'univers qui nous l'amène - si nous le laissons faire, mais c'est nous qui décidons comment nous allons réagir face à ce qu'il nous propose.

Ainsi, nous avons le Rêve ou le Grand Désir sincère. Nous voulons l'amener à se manifester. Les outils sont là. Les ressources sont là. Notre pouvoir divin est là, mais c'est à nous d'utiliser ces outils et de développer notre pouvoir. Dès lors, nous voulons choisir de grandir. Nous voulons accepter de grandir parce que ce désir de grandir va nous permettre de sortir de la perception linéaire et limitée du temps, et c'est là que se trouve notre opportunité de maîtriser la manifestation. En choisissant de grandir, nous acceptons d'entrer dans la simultanéité du passé, du présent, du futur. Nous sommes obligés de faire exploser le cadre de nos croyances. Nous sommes obligés de nous voir bien plus Grands que ce que nous voyons avec nos yeux et nos cinq sens, ici et maintenant.

Rappelez-vous : vous êtes nés avec le désir. À vous de décider comment vous allez choisir de vivre le voyage qui vous permet de grandir et dès lors, de vous émerveiller de la manifestation qui est sous vos yeux. Et parfois, accepter de grandir, c'est accepter de faire un saut quantique et d'exploser le cadre de vos limitations, temporelles, entre autres.

Revenons à la question : **Que faire quand votre Rêve vous semble si éloigné ?**

Entrez simplement dans ce désir de croissance. Acceptez de grandir. C'est le pas nécessaire pour pouvoir faire ce saut. La seule cause de la non-manifestation des miracles, c'est notre résistance. Et cette résistance est émotionnelle. Elle est perceptible. Il suffit de reconnaître la question que vous vous posez régulièrement : « *Pourquoi est-ce que mon désir n'est pas encore là ?* » Vous sentez tout de suite la résistance dans le pourquoi. Vous poser cette question indique clairement l'écart qui existe entre là où vous êtes et là où vous voulez être.

Vous avez certainement déjà remarqué que cet écart s'agrandit lorsque vous ne voulez pas admettre qu'il existe une résistance, et que vous restez bloqué sur la question. En effet, ce sur quoi vous placez une forte énergie émotionnelle se manifeste. Ainsi, soit vous mettez de l'énergie dans : « *Pourquoi est-ce que ce n'est pas encore là ?* » et vous amplifiez l'écart entre là où vous êtes et là vous voulez être. Soit, vous dirigez cette énergie vers l'appel de votre désir et votre ouverture à le recevoir, en faisant comme si vous l'aviez déjà reçu parce qu'il est déjà là.

Pour réussir la manifestation, vous voulez fonctionner autrement. Vous voulez réécrire la manière dont vous fonctionnez et dès lors, Qui vous êtes. Vous réécrivez Qui vous êtes. Ce n'est pas nécessairement aisé mais c'est simple à faire. Manifester est une compétence. Comme n'importe quelle compétence, il est possible de l'améliorer. Elle devient de plus en plus facile à maîtriser avec la pratique. Pour ce faire, vous voulez lâcher toute résistance d'abord, et accepter d'apprendre pour atteindre la maîtrise. Par ailleurs, il est important d'accepter que parfois, la manifestation peut prendre une forme étonnante, et parfois non désirée au départ. Comme je le disais dans un autre chapitre, vous pouvez avoir l'impression que soudain tout s'écroule, tout va de plus en plus mal. Sachez que c'est juste la trame du passé qui est en train de se dénouer, de se délier de vous, pour que vous puissiez la lâcher. C'est le début du processus. Vous êtes en train de purifier, de nettoyer ce qui ne vous sert plus, pour que le nouveau puisse se manifester dans votre monde.

C'est simple mais ce n'est pas nécessairement aisé. Vous ouvrir à l'apprentissage nécessaire peut demander un certain temps, et des efforts. Les changements peuvent ne pas apparaître tout de suite. C'est souvent à ce moment que l'impatience montre le bout de son nez, parce que le mental, lui, fonctionne sur une ligne de temps linéaire. Il regarde là où vous étiez au moment de lancer le désir et là où vous êtes maintenant, et il voit tout ce qui n'est pas encore réalisé.

Cette impatience n'est qu'une résistance au changement, et au processus d'apprentissage. Une résistance au voyage nécessaire. Le mental voudrait arriver à destination sans vivre le processus de transformation[15].

Aussi, rappelez-vous ceci : **un pas à la fois**. Vous voulez avancer. Et toute avancée est un apprentissage. C'est une aventure qui nous apprend de nouvelles choses. En avançant étape par étape, le chemin devient de plus en plus aisé.

Jeu d'Abondance

- Notez votre Rêve ou Grand Désir ici et maintenant.
- À quoi résistez-vous face à ce Rêve ?

---

[15] Processus de Transformation – Pour apprendre comment traverser le processus de transformation en toute sécurité, visitez https://aficea.com/pack-folie-ou-eveil/

- Où est-ce que votre âme vous demande de grandir ?
- Demandez-vous aussi si vous êtes bien en train d'appliquer chaque jour les outils de la manifestation, de la loi de l'attraction et des autres lois universelles, présentés ici, en veillant à donner le meilleur de vous-même ?
- Parallèlement à l'apprentissage en cours, est-ce que vous entreprenez des actions alignées en écoutant votre voix intérieure, et en exécutant les sauts pratiques que vous sentez justes pour vous ?

Comme je le disais tout à l'heure, j'ai ce grand Rêve qui me demande de lâcher de nombreux éléments, voire piliers de mon activité, auxquels je me suis accrochée pendant des années. Ce ne sont pas nécessairement des étapes faciles à réaliser, et je sens que le processus de transformation qui prend un certain temps du fait de mes résistances, s'accélère. Un élan se met en place. Plus je lâche, et plus ma capacité à lâcher augmente. Dès lors, ma capacité à m'ouvrir à recevoir le nouveau se renforce également, et ma confiance en moi et en l'univers s'amplifie.

Répondez aux questions ci-dessus et vous verrez que l'étape suivante à réaliser deviendra très claire pour vous. Une fois cette nouvelle étape clarifiée, la suivante deviendra plus claire et la suivante, encore plus claire. Tout d'un coup, vous vous rendrez compte que vous avez créé de la magie pure. Votre Grand Désir sera devant vous.

Croyez en vous. Moi, je crois en vous. Vous le savez, je vous vois comme des Créatrices et Créateurs puissants et Divins. Aussi, allez-y, foncez. Avancez. Sautez. Et n'hésitez pas à noter les questions qui surgissent du fait des nouveaux contrastes, ou des succès et autres petites et grandes victoires que vous obtenez en jouant à ces jeux. Ensuite, laissez votre intuition vous apporter ses réponses alignées. Et agissez sur elles.

Que la joie et l'abondance vous accompagnent tous et toutes.

8 - MES ACTIONS INSPIREES
HUITIEME MOIS

La vie est avant tout une aventure.

- Plus vous lâchez, et plus votre capacité à lâcher augmente.
- Votre capacité à vous ouvrir à recevoir le nouveau se renforce, et votre confiance en vous et en l'univers s'amplifie.
- Vous avez créé de la magie pure. Votre Grand Désir est devant vous.
- Croyez en vous-même.
- Foncez. Avancez. Sautez.
- Notez les questions qui surgissent du fait des nouveaux contrastes, ou des succès et autres petites et grandes victoires que vous obtenez en jouant à ces jeux
- Laissez votre intuition vous apporter ses réponses alignées. Et agissez sur elles.

VENEZ TÉLÉCHARGER VOTRE BONUS

Visitez la page qui vous est exclusivement réservée à vous, chers lectrices et lecteurs de ce livre :
https://aficea.com/abondanceensamusant
Téléchargez les 6 Jeux de Manifestation de l'Abondance, qui vous permettent de Jouer avec votre Allié, l'Argent, et de vous Installer dans le Flux de l'Abondance !

NEUVIEME MOIS
Comment vous libérer du manque d'argent une fois pour toute

Mon vœu le plus cher est d'aider un maximum de personnes à se libérer de l'impression de manquer d'argent - qui peut se révéler bien réelle pour la partie logique en nous, mais qui, dès que vous vous élevez jusqu'à la partie spirituelle en vous, révèle son caractère illusoire.

Poursuivons ensemble notre voyage d'abondance. Nous n'avons pas à voyager 'vers' l'abondance, car elle est déjà là. Ce n'est pas une destination à atteindre. C'est une ressource à laquelle nous avons accès tout le temps. Nous voulons nous donner cette opportunité d'y accéder, et surtout la permission d'y puiser.

J'espère que vous vous êtes bien amusé.es avec les exercices et les concepts du chapitre précédent, et que vous en avez déjà reçu de très beaux résultats. N'hésitez pas à noter la liste des fruits de l'application de ces concepts. Ces différents jeux et chapitres valent bien plus que ce que vous avez investi dans ce livre. Appliquez ce que je vous propose dans ces pages parce que c'est en passant à l'action que vous allez voir des manifestations se produire et de beaux miracles prendre forme - et parfois l'action consiste juste à demeurer dans l'état d'être de l'abondance.

J'aime imaginer que je suis un instrument de sagesse sur votre chemin, sagesse qui m'est insufflée par mon alignement quotidien sur la Source et sur le savoir divin. Je vous envoie chaque jour des pensées puissantes et une énergie lumineuse, pour que vous puissiez continuer à vous voir comme quelqu'un d'abondant, d'intelligent, de généreux, de libre et de solide intérieurement, afin que vos fondations intérieures puissent se manifester à l'extérieur.

C'est ainsi que vous renforcez votre cadre de confiance, d'assurance, de clarté et d'amour-propre, et que ces sentiments s'amplifient dans votre vie de tous les jours et dans votre relation à l'argent.

L'une des étapes importantes pour que vous puissiez vous libérer de l'impression de manquer d'argent, c'est de vous faire confiance. Faites confiance à vous-même, à la partie Divine en vous qui sait où est l'argent - qui sait comment l'obtenir pour vous, et vous y amener. Et faites confiance à l'univers.

Répétez-vous : « *Aujourd'hui, je me fais confiance. Je suis l'énergie de la Source. Tout ce qui apparaît dans ma vie me fait grandir. Je suis la surabondance d'argent et de manifestations aisées et faciles, pour moi et pour les autres.* »

Lorsque vous êtes dans cette vibration d'abondance et de surabondance, les autres en bénéficient. Non seulement les personnes qui vous sont proches, mais également celles que vous rencontrez et avec lesquelles vous échangez. Répétez-vous aussi que vous avancez à votre rythme et que vous n'avez rien à rattraper. Vous n'êtes pas en retard. Vous êtes parfait et parfaite là où vous êtes, parce que vous vous rapprochez chaque jour de votre but. Ce rapprochement se fait tant au niveau vibratoire qu'au niveau des actions inspirées que vous entreprenez.

Rappelez-vous que, chaque jour, vous faites un pas de plus vers votre but, et que plus vous vous pressez, moins vous aurez de temps. Donnez-vous ce temps. Donnez-vous l'autorisation de faire une pause et de ralentir.

Nous entrons dans une nouvelle ère où nous en avons assez de courir après le temps, après l'argent, après le travail. Nous avons besoin de ralentir. Nous voulons revenir au rythme lent de la nature, qui peut se révéler très rapide. En effet, une fois que le contrôle du mental est ralenti, le rythme naturel de la Source peut prendre le relais et accélérer les choses. Nous ne sommes plus dans la résistance, à vouloir forcer la manifestation. Dès lors, la

Source peut agir à travers nous.

Votre Mantra :

*Plus vite je suis heureux.se SANS ce que je désire,
plus vite je serai heureux.se AVEC ce que je désire.*

Nous voulons tous quelque chose. Il est bon d'avoir des désirs. Et vous voulez vous accoutumer au fait d'être joyeuse et heureux sans les avoir encore obtenus - en l'absence de ce que vous désirez. Plus vous vous sentez légers, heureuses et joyeux - peu importe que vous ayez ou non ce que vous désirez, plus vite ce bien, cette personne ou cet événement sera visible à vos côtés.

Avant de voir ensemble comment mettre cela en place, j'aimerais vous poser deux questions éclairantes :

- Combien de pensées entretenez-vous chaque jour face à l'argent ?

Il est prouvé scientifiquement qu'environ soixante mille pensées traversent notre esprit chaque jour. Combien d'entre elles sont liées à l'argent ? Qu'il s'agisse de désirs financiers, ou de peurs, de problèmes, d'envie, d'admiration, d'agressivité ou de colère. Nous entretenons beaucoup de pensées liées à l'argent. Pour ma part, je pense que cela doit constituer un bon soixante à soixante-dix pour cent par jour, peut-être plus.

- Parmi toutes ces pensées liées à l'argent, combien d'entre elles sont négatives ?

Vous allez certainement me répondre, pour la plupart, que la majorité d'entre elles sont négatives. En effet, beaucoup d'entre nous, plusieurs fois par jour nous nous disons : *« Je ne peux pas m'offrir ceci »*, en soupirant, ou *« Je n'ai pas l'argent pour faire cela »*, toujours en soupirant, ou *« J'adorerais faire ceci, mais... »* ou *« Oui, mais... »*. Vous vous reconnaissez certainement dans cette façon de penser, et c'est naturel. C'est la manière dont nous, êtres humains, sommes programmés, en fonction de notre environnement, des programmations dont nous avons hérité et qui nous ont été transmises depuis que nous sommes petits.

Or, la plupart des gens ne sont pas conscients du nombre de pensées de manque qu'ils entretiennent. Les pensées de manque, même si elles sont inconscientes, vous maintiennent dans un programme de manque. Elles vous empêchent de voir la vérité.

La Vérité de la nature nous montre **qu'il y a plus qu'assez de tout pour tout le monde**, même si ce n'est pas ce que la société nous renvoie comme message. La Source en nous nous susurre à chaque seconde – si nous sommes prêt.es à l'entendre - qu'il y a bien plus qu'assez de tout pour tout le monde.

L'autre Vérité, c'est que **vous avez la capacité de créer n'importe quelle quantité d'argent désirée, chaque fois que vous le désirez**.

J'aimerais que vous vous répétiez cette phrase :
« J'ai la capacité de créer n'importe quelle quantité d'argent désirée, n'importe quand. »

Et commencez à noter les pensées que cela suscite en vous, les fausses croyances qui surgissent face à cela, et peut-être aussi les émotions.

Est-ce que vous y croyez ? Est-ce qu'il y a des moments dans votre vie qui vous ont prouvé que, oui, vous avez à ce moment-là créé un montant qui correspondait à ce que vous demandiez au moment même où vous en aviez besoin ? Nous ne nous penchons pas sur l'origine du montant. Nous ne cherchons pas à savoir si c'était logique que le montant vous arrive ou pas. Nous nous amusons juste à ancrer en vous cette conscience et cette conviction que vous avez la capacité de créer n'importe quelle quantité d'argent n'importe quand, et que vous l'avez déjà fait plusieurs fois dans votre vie.

Processus de libération du sentiment de manque d'argent

Le processus que je vous propose de mettre en œuvre dans ce chapitre, c'est de vous focaliser sur la vérité avec un grand V. Nos vies sont créées par nos perceptions et le sens que nous donnons à ce que nous percevons. La plupart des gens observent les circonstances de leur vie, émettent des jugements sur ces circonstances et du fait de leur focalisation sur ces circonstances, le plus souvent non désirées, elles en font leur vérité. Par exemple, vous regardez votre compte en banque et vous en tirez la conclusion que vous n'avez pas d'argent. Même s'il y a cent euros sur votre compte en banque, étant donné que vous en voulez beaucoup plus, votre mental déclare que vous n'avez pas d'argent.

Or, n'oubliez pas que les circonstances ne constituent pas la vérité. La seule vérité est la Vérité universelle. La Vérité universelle avec un grand V contient – outres les deux vérités ci-dessus, deux autres grandes vérités essentielles pour vous aider à vous libérer de cette illusion de manque. Je vous les donne ici et je vous invite à les noter. Ensuite, pourquoi ne pas en faire un mantra, qui va vous aider – par la répétition - non seulement à ancrer ces mots dans vos cellules mais également, à manifester cette vérité, et à la voir se manifester beaucoup plus souvent dans votre vie. Ces deux grandes Vérités universelles vont ainsi pouvoir prendre la place des anciennes 'vérités' limitées, liées à vos circonstances humaines.

La première vérité c'est que **la réserve de tout ce dont vous avez besoin est infinie, et vos désirs réalisés proviennent directement de la Source, à travers d'autres personnes ou à travers votre intention.**

Je répète : la réserve est infinie. L'univers peut vous approvisionner en tout et pourvoir à tous vos désirs, à tout moment et de façon infinie. Et cet approvisionnement se fait à travers l'univers ou la Source (pour ma part, c'est une seule et même chose) ou à travers une personne incarnée sur cette planète, mais aussi à travers votre intention et vos pensées.

Dans notre société basée sur l'action et la performance dans le 'faire', il est courant d'oublier que vous pouvez manifester l'argent à travers votre seule focalisation, et votre seule intention, sans nécessairement que cet argent passe par les mains d'autres personnes.

Telle est la première vérité que je vous invite à ancrer dans vos cellules et à vous répéter encore et encore : la réserve de tous mes désirs et besoins est infinie. Ceux-ci m'arrivent à travers la Source et dès lors, à travers des personnes incarnées ou directement à travers mon intention.

La deuxième vérité, c'est que **vous ne pouvez pas avoir de désir à l'esprit sans qu'il ne soit déjà présent dans votre vie.**

A mon sens, c'est l'une des vérités majeures qui ouvrent la porte de l'abondance. Vous ne pouvez pas avoir de désir sans qu'il ne soit déjà présent dans votre vie. Il est présent à un certain niveau vibratoire. Vous ne pouvez pas le voir tant que vous êtes focalisé sur son absence. Voilà pourquoi répéter cette vérité va vous aider à redevenir l'observateur que vous aimiez être dans vos jeux d'enfant - qui prenait sa loupe et observait les fourmis, qui voulait tout comprendre de la vie. Vous allez redevenir cet observateur et vous amuser à découvrir l'argent qui est déjà là, ou l'abondance, ou la relation idéale, ou les clients idéaux, qui sont déjà là dans votre vie ou votre activité.

1. La première étape du processus de libération du sentiment de manque d'argent consiste à <u>placer plus de focalisation et d'énergie sur ces deux vérités</u>, que de continuer à vous laisser emporté.e par les circonstances. Cessez d'observer vos circonstances. Bien sûr, il est important de savoir ce qu'il se passe dans votre vie et d'agir pour palier à cela si c'est quelque chose que vous ne voulez pas. Je ne vous invite pas à faire l'autruche, par exemple. Un compte en banque presque vide fait peut-être partie de vos circonstances, mais n'oubliez pas que ces circonstances ne sont pas la vérité. Elles ne sont que la manifestation de vos pensées et de vos peurs passées. L'argent est là, dans l'invisible, à un

certain niveau de conscience et d'acceptation.

Aussi, modifiez vos pensées. Croyez davantage en la vérité. Recherchez la vérité dans votre vie. Focalisez-vous dessus et bénissez vos circonstances. Ainsi, n'en veuillez pas à tout le monde parce que vous n'avez pas beaucoup d'argent sur votre compte. Bénissez ce qui se produit là dans votre vie, même si c'est difficile à vivre, parce que c'est votre tremplin vers plus de conscience et d'abondance.

Répétez-vous que **la réserve est infinie**, que **l'abondance vous arrive à travers la source et donc, à travers d'autres personnes de votre vie et via votre intention.** Et souvenez-vous que **vous ne pouvez pas avoir de désir sans qu'il ne soit déjà présent dans votre vie.**

Voici un exemple personnel. Depuis que j'ai 13 ans, mon Grand Désir, c'est d'écrire des livres 'philosophiques', et d'être une romancière reconnue. Les éléments 'écrire des livres et être reconnue' se sont réalisés, mais le côté romancière, à mon sens, ne s'était pas encore suffisamment manifesté. J'en étais frustrée. Or, le fait de me dire que ce désir n'est pas un désir farfelu, ni un caprice, que je n'aurais pas pu l'avoir s'il n'était pas déjà présent dans ma vie, me permet de me l'approprier et de me dire : « *À partir d'aujourd'hui, je considère que je suis une romancière prospère et reconnue et je m'amuse à regarder en quoi cette identité est déjà présente dans ma vie.* » Reconnaître ces deux vérités m'a permis, plutôt que de me culpabiliser de ne pas avoir 'encore' obtenu mon désir, d'ancrer dans mes cellules ce que je désire et de le reconnaître comme Vrai. Cela dilue la résistance issue du blâme ou de l'auto-culpabilité, élève ma vibration et m'ouvre à de nouvelles possibilités. Si vous le désirez, choisissez un désir très concret et rajoutez le montant annuel que vous désirez gagner. Ou encore, rajoutez le style de vie ou une qualité d'abondance dont vous voulez bénéficier, par exemple. Et de ce fait, vous vous reconnectez immédiatement à la réserve infinie de l'univers.

En résumé : placez davantage de focalisation et d'énergie sur la vraie vérité.

2. <u>Exercez-vous à voir l'abondance qui est déjà présente partout autour de vous.</u> Observez l'abondance partout autour de vous. Vous avez été habitué.e à regarder le manque, et à parler du manque à tout le monde autour de vous. Pivotez dès maintenant. Changez de mode de fonctionnement.

Nos cerveaux sont programmés pour chercher la preuve de la réalité de nos croyances. Si vous croyez dans le manque, votre cerveau va rechercher des preuves de ce manque. C'est la raison pour laquelle vous tombez sur des articles qui vous parlent du manque d'argent dans la société, du manque de relations harmonieuses ici et là, du manque de paix dans le monde. Votre esprit filtre ce qu'il voit et ne garde que les preuves qui confirment vos croyances. Le reste passe inaperçu. La plupart des gens filtrent leurs observations du fait de leur croyance dans le manque : *il n'y aura jamais assez* ... Dès lors, ils vont ancrer dans leur conscience uniquement ce qui prouve la véracité de cette croyance. Commencez à entraîner votre esprit à rechercher les preuves de l'abondance, les preuves qu'il y a plus qu'assez de tout dans le monde.

JEU D'ABONDANCE

Dans ce chapitre, je vous propose de jouer à "**chercher l'abondance.**" Cherchons l'abondance. Je regarde autour de moi. Je regarde par la fenêtre et je vois une abondance de feuilles sur les arbres qui bordent le parking. Quand je vais faire mes courses, je vois une abondance d'aliments au marché où j'aime me rendre. Il y a une abondance de légumes, de fruits, de produits artisanaux. Quand je roule, je vois une abondance de voitures sur la route. Nous sommes revenus de vacances récemment, et j'étais émerveillée de voir l'abondance de mobil-homes sur l'autoroute. Je peux aussi constater l'abondance de personnes qui arrivent à manifester beaucoup d'argent en faisant ce qu'elles aiment. Je peux voir cette preuve d'abondance sur internet entre autres, et dans les réseaux que je côtoie.

C'est la raison pour laquelle vous voulez lire les témoignages et les histoires de succès, par exemple, de membres de ma communauté, ou de personnes d'autres groupes auxquels vous appartenez, parce qu'ainsi, vous exercez votre esprit à voir l'abondance, même si c'est l'abondance générées par d'autres personnes que vous. N'oubliez pas que lire ou entendre parler des succès des autres, c'est un rendez-vous que vous avez cocréé. Si vous lisez ces témoignages d'abondance, c'est que vous vous rapprochez de vos propres succès. Ces témoignages sont le reflet de votre propre réussite. Dès lors, lisez beaucoup de témoignages d'abondance car ils nourrissent votre muscle de l'abondance.

Plus vous vous amusez à rechercher l'abondance autour de vous, plus vous verrez cette abondance se manifester rapidement, aisément, et vous vivrez de moins en moins le manque. Votre réalité va commencer à se modifier pour pouvoir soutenir cette vérité que vous commencez à installer en vous.

Jouez ce jeu "Je cherche l'abondance dans mes journées" et notez quels types d'abondance vous voyez. Amusez-vous à noter dans votre journal d'abondance, par exemple :

« *Aujourd'hui, je suis tellement heureuse et reconnaissante parce que j'ai vu une abondance de fleurs dans mon jardin. Je vois une abondance de nouvelles feuilles sur la plante dans mon bureau. Dans le tableau au mur en face de moi, je vois une abondance de petits points de lumière de peinture jaune. Je vois une abondance de photos sur mon panneau de vision. J'ai une abondance d'amis sur Internet. Je reçois une abondance de petits cœurs sur les forums que je visite.* » Amusez-vous à rechercher l'abondance et donnez-vous pour défi de passer au moins une heure par jour dans cette recherche de l'abondance. Et dès qu'une pensée de manque arrive, décidez de pivoter sur le champ.

Cette pensée de manque vous montre là où vous avez l'occasion d'installer plus de focus sur l'abondance dans votre vie. Imaginons que vous regardiez l'abondance de cailloux sur l'allée et tout d'un coup, une pensée vous vient : « *Si seulement ces cailloux étaient des pièces d'un euro.* » C'est une perche que vous vous tendez pour modifier votre perspective et dire : « *Je vois une abondance de petits cailloux qui me font penser à une abondance de pièces de monnaie.* » Vous pouvez aller encore plus loin dans ce jeu. Commencez à visualiser la vérité derrière ces cailloux. Les cailloux sont faits de la même énergie que l'énergie d'une pièce de monnaie donc, imaginons que cette allée remplie de petits cailloux est jonchée en réalité de pièces de monnaie. Comment vous sentiriez-vous ? Installez-vous dans ce sentiment d'abondance.

Ou, si vous vous dites : « *D'accord, il y a beaucoup de petits cailloux ici, mais il n'y a pas beaucoup d'abondance dans mon compte en banque.* », vous pourriez pivoter en pensant : « *J'ai fait le lien entre ces cailloux et l'argent. Où est-ce que je peux voir l'abondance financière dans ma vie. Ce mois-ci, j'ai passé beaucoup de temps en visite dans ma famille et finalement, je n'ai pas dû payer grand-chose. Car, on m'a invité au restaurant, j'ai été reçue à déjeuner. On m'a offert des cadeaux. Dans quelle merveilleuse abondance je vis !* » Vous reportez votre attention sur l'abondance qui est déjà là dans votre vie.

C'est un jeu que je vous invite à jouer chaque jour. Si vous pouvez le faire au moins trois fois par jour, vous aurez exercé votre muscle de l'abondance pendant trois heures, et vous verrez des résultats se produire dans votre vie de tous les jours.

3. En jouant ce jeu, vous réalisez la troisième étape du processus de libération du sentiment de manque : <u>créer une nouvelle expérience</u>.

Vous vous êtes focalisé sur les deux vérités que je vous ai offertes au début. Ensuite, vous avez commencé à vous exercer à voir l'abondance qui est déjà là autour de vous. Le troisième élément du processus, c'est de créer la nouvelle expérience. Trouvez des techniques qui vous permettent de retravailler l'ancienne croyance en une nouvelle croyance. Je vous ai parlé de mantra. Je vous ai parlé de ce jeu de focalisation et de recherche de l'abondance existante. Vous pouvez aussi utiliser l'EFT, ou la

PNL. Choisissez ce qui vous permet de pivoter aisément et facilement vers votre nouvelle expérience.

Répétez ce processus de libération du sentiment de manque plusieurs fois en suivant, pour que votre nouvelle manière de voir les choses et de fonctionner prenne le pas sur l'ancienne. C'est une pratique que vous n'aurez jamais finie d'effectuer. En effet, plus nous avançons en conscience - plus nous attirons l'abondance, et les anciennes fausses croyances refont surface à un autre niveau de compréhension. Dès lors, je vous invite à pratiquer ces trois étapes encore et encore, peu importe où vous en êtes dans votre ouverture à l'abondance. Vous avez réussi à attirer vos premiers mille euros ou dollars ? Poursuivez le processus. Vous avez réussi à attirer vos cent mille premiers euros ? Continuez le processus. Vous avez peut-être déjà créé plusieurs millions d'euros ? Pratiquez le processus, parce qu'il vous fait grandir encore et encore. Il vous ouvre à l'abondance et vous permet d'être un modèle d'abondance et d'inspirer les autres à le devenir également.

Pour contribuer à élever le niveau de conscience de l'abondance sur terre, répétez le processus pour en faire une vraie pratique. Augmenter votre niveau de conscience vous permet de faire de nouveaux choix conscients face aux niveaux supérieurs de succès atteints. Enfin, créez votre nouvelle expérience d'abondance rapidement. N'attendez pas un mois. Créez votre nouvelle expérience tout de suite. La vitesse est cruciale, pour ne pas laisser l'ancien schéma reprendre les rênes. Créez-vous une nouvelle expérience rapidement pour que votre inconscient ne vous freine pas. Cette expérience va venir ancrer dans vos cellules la conviction que vous êtes Abondant.e. L'observateur en vous verra les preuves que l'abondance est bien là partout autour de vous. Cela se produit d'abord en vous. Ensuite, vous commencez à voir apparaître l'abondance à l'extérieur de vous.

Ce processus est puissant et magnifique pour vous reprogrammer du manque vers l'abondance. Lorsque vous vous autorisez à vivre une nouvelle expérience, vous êtes dans l'action. Vous n'êtes plus en train de réfléchir. Le mental n'a plus autant de pouvoir sur vous. Il est obligé d'accepter la nouvelle expérience comme une vérité. Et c'est ainsi que se crée une nouvelle conviction et la confiance.

C'est ce que j'adore enseigner et c'est pour cela que je suis très heureuse de vous partager ce processus. Expérimentez la création de plus d'argent et de plus d'abondance dans votre vie. Imaginons que vous voulez créer dix mille euros ce mois-ci, et tout de suite, vous dites : « *C'est possible.* » Puis le mental vous ramène dans l'ancien paradigme de peur de manquer. Ce processus va vous aider tout doucement à vous dire : « *Et si je m'amusais à voir comment je pourrais créer ces dix mille euros, non seulement avec mes propres forces mais aussi avec l'aide de la Source puisque la réserve, l'approvisionnement, vient de la Source, avec l'aide d'autres personnes, et avec l'aide de mon intention et de ma focalisation.* »

Si vous vous sentez prêt.e, ici et maintenant, à vous libérer de votre impression de manquer d'argent et à établir votre nouvelle norme d'abondance d'argent, je vous rappelle le processus :

-    Focalisez-vous sur les deux vérités universelles suivantes : premièrement, la réserve d'approvisionnement de tous vos désirs est infinie. Vos désirs proviennent directement de la Source, à travers d'autres personnes ou grâce à votre intention. Deuxièmement, vous ne pouvez pas avoir de désir à l'esprit sans qu'il ne soit déjà présent dans votre vie.

-    Ensuite, clarifiez quelle serait la première étape pour atteindre votre objectif ? Si vous désirez manifester dix mille euros ou dollars ce mois-ci, la première étape est-elle de manifester mille euros ? Ou cinq mille euros ? Choisissez la première étape. Créez un plan qui vous permet de générer ce montant, et peut-être que vous demanderez l'aide de partenaires, de collègues ou d'un.e coach. Personnellement, j'aime utiliser noter les moyens par lesquels j'aimerais que cela se produise, pas seulement les moyens qui me paraissent logiques : vendre un programme ou X séances de coaching - si vous fonctionnez à la séance, ce que je ne recommande pas. Mais aussi les moyens plus 'magiques' comme découvrir une enveloppe avec ce montant ou recevoir ce montant sous forme de don.

- Ensuite, vous utilisez les principes de la manifestation décrits dans ce chapitre, face à ce plan et cette stratégie, pour créer une nouvelle expérience d'abondance. Je vous ai donné quelques mantras à utiliser également.

- Enfin, vous reproduisez ce processus à loisir. C'est ainsi que vous pourrez créer continuellement le montant dont vous avez besoin, au moment où vous en avez besoin.

Ne vous arrêtez pas. Rappelez-vous les trois étapes. Elles sont faciles à retenir. Vous pouvez utiliser ce processus même pendant une réunion ou une conversation difficile. Ne vous donnez pas comme fausse excuse que vous êtes trop occupé.es pour l'exécuter. Faites-le. Point. Créez cette nouvelle expérience pour vous, en continu, et voyez ce qu'elle produit dans votre vie.

Je vous souhaite de manifester la somme d'argent que vous désirez dès maintenant. Amusez-vous à entretenir ce muscle de l'abondance.

Créons un nouveau monde d'abondance en nous amusant.

Que la joie et l'abondance vous accompagnent tous et toutes.

9 - MES ACTIONS INSPIREES
NEUVIEME MOIS

Plus vite je suis heureux.se SANS ce que je désire, plus vite je serai heureux.se AVEC ce que je désire.

- Libérez-vous de l'impression de manquer d'argent, et créez votre propre norme d'abondance d'argent.
- Focalisez-vous sur les deux vérités universelles suivantes :
- premièrement, la réserve d'approvisionnement de tous vos désirs est infinie. Vos désirs proviennent directement de la Source, à travers d'autres personnes ou grâce à votre intention.
- Deuxièmement, vous ne pouvez pas avoir de désir à l'esprit sans qu'il ne soit déjà présent dans votre vie.
- Clarifiez la première étape pour atteindre votre objectif.
- Utilisez les principes de la manifestation pour créer une nouvelle expérience d'abondance chaque jour.
- Créez l'argent dont vous avez besoin, exactement au moment où vous en avez besoin.
- Entretenez le muscle de l'abondance.
- Contribuez à créer un monde d'abondance en vous amusant.

VENEZ TÉLÉCHARGER VOTRE BONUS

Visitez la page qui vous est exclusivement réservée à vous, chers lectrices et lecteurs de ce livre :
https://aficea.com/abondanceensamusant
Téléchargez les 6 Jeux de Manifestation de l'Abondance, qui vous permettent de Jouer avec votre Allié, l'Argent, et de vous Installer dans le Flux de l'Abondance !

DIXIEME MOIS
L'argent vous cherche

Je suis très heureuse de vous retrouver pour ce chapitre qui va vous aider à comprendre très spécifiquement que vous n'avez pas à rechercher l'argent, parce que l'argent lui-même vous cherche. Toujours dans le but d'arriver à recevoir l'abondance en vous amusant.

J'espère que vous avez bien ri en utilisant les concepts et les exercices du dernier chapitre. Ces exercices sont là pour vous aider à pratiquer l'abondance dans la joie, l'aisance et la facilité, parce que c'est ainsi que nous sommes destinés à vibrer. Nous sommes des êtres magnifiquement pourvus de qualités que nous révélons ou qu'il nous reste à révéler. Ces différents chapitres vous aident à vous installer davantage encore dans l'identité de la personne abondante, intelligente, généreuse et libre. Une personne qui a des fondations solides à l'intérieur d'elle-même, des fondations de confiance, d'assurance, de clarté et d'amour propre.

Le but de ces chapitres est de vous aider à générer et entretenir un sentiment de sécurité intérieure pour que vous vous sentiez en sécurité à l'extérieur également. Et que votre sentiment de sécurité se rapproche de plus en plus de la sérénité et de la liberté financière. Imaginez que chaque jour, chaque semaine, chaque minute, vous êtes face à une nouvelle porte qui s'ouvre devant vous et qui vous offre la possibilité de créer le nouveau. Pour cela, il est important de lâcher l'ancien. Ouvrez-vous à l'idée que non seulement cette porte qui s'ouvre devant vous est la porte de toutes les possibilités infinies de l'univers, mais également la porte du temps. Oui, vous avez tout le temps du monde pour réaliser vos désirs dans cette vie.

La magie de la vie et des affaires vous soutient pour vous permettre de créer et manifester ce que vous désirez en très peu de temps. Imaginez comme un feu d'artifice de manifestations devant vous. Pas seulement pour vous, mais pour vos proches également, pour vos clients, pour tout votre entourage. Que ce soit votre intention chaque jour, et c'est ce que vous recevrez chaque jour.

Faites juste attention à ne pas croire aux illusions de la matière, ou des circonstances. Comme je le disais dans un chapitre précédent, les circonstances que vous observez et qui vous paraissent bien 'réelles', ne le sont que parce qu'elles correspondent à vos anciennes pensées, à vos anciennes peurs, à vos anciennes fausses croyances. Aujourd'hui, à chaque minute, vous pouvez créer de nouvelles convictions et dès lors de nouvelles illusions, dans une nouvelle 'réalité'. Tant que nous serons incarnés sur ce plan, nous serons entourés d'illusions en trois dimensions, que nous créons nous-mêmes.

Pour ce chapitre, je vous invite à vous rappeler souvent que l'argent vous cherche. L'argent vous désire. Il désire vous aider. Il désire faire partie de votre monde et de votre vie. Or, vous avez peut-être l'impression que les choses se compliquent, et vous avez tendance à résister au changement. Au contraire, ouvrez-vous au changement. Cela va vous servir, car nous vivons un grand changement dans la société et dans le monde en ce moment.

Le mantra que je vous invite à cultiver est celui-ci :

L'argent me cherche.
L'argent me désire, comme je le désire.

Dans vos moments de doute et de résistance, vous vous voulez vous rappeler que ce que vous vivez est parfait, et que tout est toujours en très bonne voie pour vous. Les événements, les circonstances vont toujours dans le sens de vos désirs. L'argent est déjà là. Il vous cherche, à son niveau de vibration élevée. Soyez au rendez-vous et vous le verrez. Répétez-vous que tout est toujours en très bien bonne voie pour vous.

Vous savez qu'à tout moment vous avez le choix de vous focaliser sur le bon moment pour vous, le bon endroit pour vous et ce qu'il y a de meilleur pour vous, et qu'ainsi vous recevrez même mieux que ce que vous avez imaginé. C'est une question de choix. Dès lors, chaque jour, à chaque instant, choisissez le meilleur. Imaginez le meilleur pour vous et vous le recevrez. Et continuez à tracer vos résultats.

JEU D'ABONDANCE

Avant de poursuivre votre lecture, je vous propose d'appuyer sur le bouton Pause, de prendre une profonde inspiration et ensuite, de lâcher les tensions de votre corps. Encore une fois, inspirez lentement et puis expirez. Chaque fois que vous voulez aborder le sujet de l'argent, je vous invite à prendre trois profondes respirations. En effet, l'argent est un sujet qui déclenche un sentiment de peur et de résistance chez beaucoup d'êtres humains actuels. Pour désamorcer cette résistance, focalisez-vous sur votre respiration.

Maintenant, je vous propose d'imaginer que l'argent que vous désirez est tel un amoureux que vous n'avez plus vu depuis longtemps, ou une amoureuse qui a disparu de votre vie. Un lien émotionnel intense existe toujours entre vous. Peut-être que vous avez été séparé.es à cause de décisions que vous avez prises dans le passé, ou peut-être vous vous êtes perdu.es de vue et vous vous rendez compte maintenant que vous aimeriez que cet amoureux ou cette amitié profonde revienne dans votre vie.

Vous avez peut-être l'impression que trouver l'argent, c'est comme chercher une aiguille dans une botte de foin. Alors qu'en fait, vous voulez vous rappeler que votre argent - et je dis bien 'votre' argent, car chacun de nous a le pouvoir de créer 'son' argent en fonction de sa relation avec son argent - votre argent vous recherche, tout comme vous le recherchez. Il veut demeurer avec vous à jamais, et la seule chose que vous ayez à faire, c'est de lui permettre de rentrer dans votre monde.

Laissez-le entrer dans votre monde. Si vous imaginez votre monde comme une scène de théâtre dont vous êtes le metteur en scène, c'est comme si vous rappeliez ce personnage sur votre scène de théâtre. Vous rédigez le script d'une nouvelle pièce où ce personnage est toujours présent sur scène. Il est toujours à vos côtés. Car vous êtes à la fois le metteur en scène et le héros de votre propre pièce.

En fait, l'argent frappe à votre porte à tout instant. Par vos peurs, vos limitations et vos fausses croyances, vous ne lui répondez pas ou vous le repoussez. Pourquoi ? Parce que vous avez peur qu'il se moque de vous, par exemple. Ou vous croyez qu'il va accepter de venir sur scène et d'entrer dans votre monde mais qu'il va disparaître à nouveau. Et vous préférez ne plus vivre cela. Ou peut-être que vous avez l'impression de ne pas être encore assez digne de le revoir, que vous ne le méritez pas ou que vous devez vous démenez encore plus pour le mériter. Ce sont de fausses croyances fort imprégnées en nous.

La société en général a fait des héros de tous ceux qui ont combattu, qui ont lutté, qui ont vécu énormément de difficultés avant d'obtenir ce qu'ils ou elles désiraient - comme si vous deviez d'abord réaliser les douze travaux d'Hercule[16]. Or, aujourd'hui, nous voulons au contraire réapprendre à recevoir aisément et facilement ce que nous voulons. Peut-être qu'une partie de vous croit que c'est 'trop beau pour être vrai' d'avoir toujours de l'argent à vos côtés, prêt à soutenir le moindre de vos désirs.

Demandez-vous : « *Est-ce que je suis prêt.e à croire que ma relation*

---

[16] Les **Travaux d'Héraclès** — ou **d'Hercule** chez les Romains —, également appelés **Douze**, sont les exploits exécutés par le héros Héraclès sur l'ordre d'Eurysthée. Ils constituent l'un des épisodes les plus célèbres de la mythologie grecque ainsi qu'une source iconographique majeure de l'art occidental. (Référence – Wikipédia)

avec mon argent chéri ou ma fortune chérie est réelle, que mon argent chéri au ma fortune chérie me sera toujours fidèle si je lui donne une raison de m'être fidèle et de rester à mes côtés ? »

Rappelez-vous que votre argent veut vous servir à tout moment. Il vous considère comme totalement digne et méritant tel.le que vous êtes. Vous n'avez pas à changer. Vous n'avez pas à faire quoi que ce soit de mieux, ou à être meilleur, pour l'autoriser à venir vous tenir compagnie.

C'est un processus qui est bien réel. Il n'est pas sans fondement. Testez ce processus. Pratiquez-le et vous verrez qu'il est réel. Si vous décidez de vous sentir totalement digne d'avoir plus d'argent dans votre vie et que vous déroulez le tapis rouge pour l'argent, l'argent va rester près de vous. La décision vous revient : soit vous laissez entrer l'argent, soit vous le repoussez et vous le refusez. Soit, vous vous focalisez sur son absence ou son niveau d'insuffisance dans votre vie, soit vous le laisser entrer les bras grands ouverts, totalement prêt.e à le recevoir.

Peut-être que pendant un moment, cette semaine, vous aurez besoin d'appuyer sur le bouton Pause, pour prendre du recul face aux soucis, ou au stress financier, mais aussi face au dialogue épuisant - intérieur et extérieur - que vous entretenez constamment face à l'argent, souvent pour tenter de justifier votre manque d'argent. Vous le justifiez en disant que c'est à cause du gouvernement, ou en critiquant les autres et leur argent, autant si vous êtes riches que si vous vous trouvez pauvres. Tous ces jugements vous empêchent de voir que vous avons grandement besoin d'une pause. Vous voulez cesser de douter à tout moment. Car vous vous freinez, en doutant, en vous jugeant, ou en vous culpabilisant.

Cessez de juger - autrui et vous-même, et autorisez-vous à recevoir.
Cessez également de penser négativement à votre travail ou à votre activité.

189

- Quelles sont vos pensées et vos croyances face à l'argent dans ces deux domaines ?
- Face aux revenus de votre compagnon ou de votre compagne ?
- Face à la manière dont vous dépensez l'argent ?
- Face à vos plans d'avenir ?
- Face à vos investissements ou vos placements ?
- Face à ce que les autres gagnent ?
- Face à ce qu'ils dépensent ?

Il n'est pas du tout utile pour vous de vous en faire face à l'argent. Ni de continuer à le considérer comme 'mauvais'. Rappelez-vous que votre fortune ou votre richesse dépend uniquement de votre ouverture à elle. Et cette richesse ou cette fortune vous désire tellement. Elle vous désire autant que vous la désirez. Aussi, décidez de recevoir la richesse et décidez de recevoir votre argent chéri. Décidez d'ouvrir la porte à votre fortune chérie. Si tout d'un coup, vous avez à entreprendre une action pour permettre à cet argent de rentrer, vous saurez quelle action vous sera inspirée. Elle deviendra très claire pour vous et vous n'aurez pas besoin de la rechercher. Elle vous sera inspirée. L'idée, c'est de jouer à recevoir les actions inspirées et puis, à agir sur ce qui vous vient.

C'est comme au cinéma. Votre histoire d'amour avec votre argent peut bien se terminer. Tout dépend de vous. C'est vous-même qui rédigez l'histoire de votre relation à l'argent, vos retrouvailles avec l'argent, avec sa présence, avec son abondance, sa fidélité, le fait que vous puissiez compter dessus, ses idées aussi, car l'argent a beaucoup d'idées pour vous. Il est là pour vous servir. C'est une histoire sans fin. Une histoire qui se termine toujours bien parce que l'argent est toujours là pour vous. Et peut-être que pour cela, vous aurez besoin de transformer la fausse croyance qu'il est difficile d'avoir de l'argent.

Demandez-vous : « *Est-ce que je crois qu'il peut être facile pour moi d'avoir de l'argent ?* »

Tout au long de mes années de recherche concernant notre relation à l'argent, j'ai entendu nombre de mes client.es dire : « *Oui, j'obtiens ce que je veux, mais ce n'est jamais facile. C'est toujours compliqué.* » Or, toute difficulté ou tout combat découle de votre attitude et de vos pensées. Beaucoup de personnes croient qu'elles ont de la malchance, ou que leurs problèmes techniques ou informatiques sont aléatoires. Alors que tout dépend toujours de ce que vous croyez, tout le temps, à tout moment. Votre attitude de pensée détermine tout ce qui se produit dans votre vie. Peut-être avez-vous entendu dire cela des centaines de fois, aussi laissez cette conviction s'ancrer profondément dans vos cellules.

Les difficultés peuvent prendre différentes formes. Il peut s'agir d'une perte financière, ou de montagnes russes émotionnelles et financières. Il peut s'agir de clients qui se sont inscrits à l'un de vos programmes et qui se désinscrivent ensuite, de problèmes techniques ou informatiques avec votre site Internet, votre ordinateur, votre voiture ou des appareils ménagers. Vous pouvez également vous rendre compte que vous attirez des partenaires, des connaissances, des collègues ou des fournisseurs qui ne sont jamais idéaux pour vous. Ou vous voyez votre créativité diminuer. Ou vous manifestez des partenariats ou des relations compliquées. Enfin, vous pouvez inconsciemment créer des ennuis de santé. La vibration de lutte et de combat adopte des formes très diverses.

'Avoir de la chance', c'est simplement croire que vous avez de la chance. A mon sens, la chance, c'est être aligné sur la Source. C'est être un aimant pour nos désirs, par notre alignement sur la Source et sur notre intention et notre focalisation. C'est être clair face à nos désirs. C'est cela qui nous rend chanceux. C'est cela qui nous rend attractives.

Aisément et facilement

Vous voulez choisir de croire qu'il est possible pour vous de voir vos grands objectifs ou désirs se manifester aisément et facilement.

C'est pour cela que dans mon vocabulaire - et je vous le répète suffisamment ici - j'ai introduit les mots 'aisément et facilement'. A force de les répéter, je crée cela dans ma vie de tous les jours. Et parfois même, je dois me pincer parce que mes désirs se manifestent tellement aisément et facilement qu'une partie de moi, qui croit devoir être digne des contrastes et des épreuves ou des difficultés pour mériter ce qu'elle désire, ne comprend pas ce qui se passe. Beaucoup de personnes dans le monde croient ne pas être dignes de réussir, d'avoir de l'argent ou de vivre dans l'aisance, sans devoir lutter pour cela.

Peut-être que plusieurs d'entre vous croient que cela peut être aisé, mais vous ne vous attendez pas à l'aisance. Vous êtes dans l'anticipation de la difficulté. Vous vous attendez à ce qu'une partie de l'objectif ne se produise pas selon votre désir, ou que vous n'allez pas y arriver. C'est inconscient. Vous croyez que c'est possible mais une partie de vous croit que cela va être difficile.

Demandez-vous : « *Pourquoi certains désirs se manifestent-ils aisément et facilement dans ma vie ?* » La réponse est qu'ils sont évidents pour vous. Vous n'y pensez pas. Vous êtes en pilote automatique, un peu comme lorsque vous êtes au volant de votre voiture. Je me rappelle les premières fois où j'ai dû conduire ma voiture. Je stressais une demi-heure avant de devoir allumer le moteur, de peur des manœuvres que j'allais devoir faire. J'anticipais les difficultés. Aujourd'hui, je n'y pense même plus. Je mets le contact et c'est parti. C'est devenu amusant. C'est devenu aisé et facile parce que c'est évident.

Tout dépend de votre perception. Peut-être que vous n'allez pas pouvoir transformer tout de suite la fausse croyance en la difficulté nécessaire pour atteindre l'aisance et la facilité au niveau souhaité. Surtout si vous choisissez un sujet comme l'argent, comme l'amour ou comme la réussite, où nos émotions sont très ancrées dans la difficulté.

Jeu d'Abondance

La première étape pour vous rapprocher de l'aisance, c'est de **ne pas faire de votre but désiré un énorme enjeu.**

Imaginons que vous vouliez attirer cent mille euros cette année et qu'actuellement, cent mille euros est un enjeu énorme. Vous vous mettez une énorme pression sur les épaules si vous maintenez l'émotion de doute ou de manque liée à ce but choisi. Ou imaginons que vous voulez doubler vos rentrées.

Demandez-vous d'abord : et si c'était une opération simple à réaliser ? Et si ce désir n'était pas relié à une stratégie hyper compliquée, qui vous demande beaucoup de travail ou de temps ? Et si vous en faisiez quelque chose d'aisé et de tellement évident que tôt ou tard vous obtiendrez cet objectif ?

Ou, si vous avez l'habitude de gagner sept mille euros par an, peut-être que l'objectif de cent mille euros est beaucoup trop grand. Choisissez un objectif qui soit suffisamment élevé pour vous encourager à élargir votre zone de confort, mais pas trop élevé pour créer trop de pression.

Vous voulez considérer votre but financier comme un nouveau partenaire de jeu. Un chiffre avec lequel 'jouer'. Vous voulez vous familiariser avec ce nouveau chiffre. Vous voulez vous amuser à entrer en relation avec lui. C'est pour cela que je conseille toujours aux personnes qui veulent doubler leurs rentrées ou se donner un objectif important, même si c'est sur plusieurs années, de noter le chiffre de cet objectif pour que leur inconscient s'habitue à voir ces chiffres. En effet, dans la société, nous entendons souvent parler de chiffres liés aux salaires de base, comme mille euros ou deux mille cinq cents euros, voire cinq mille euros par mois pour un salaire de cadre. Aussi, lorsque vous dites à quelqu'un : « En tant qu'entrepreneur.e, je gagne dix fois ou cent fois ce montant. », la majorité des gens ne peuvent pas le comprendre. Tout simplement, parce qu'ils ne se sont pas encore familiarisés avec ce chiffre. Vous voulez vous familiariser avec le nouveau chiffre que vous voulez atteindre. Donc si vous avez envie d'atteindre les cent mille euros annuels, le million, ou trente mille euros pour commencer, notez ce montant très souvent et amusez-vous à entrer en relation avec lui.

Ensuite, vous voulez accorder moins d'attention à l'obtention de votre but et **passer plus de temps à vous aligner sur 'pourquoi' vous voulez l'atteindre.** En règle générale, c'est l'appel de votre âme. Pourquoi est-ce que votre âme vous appelle à créer ce montant ? Peut-être que le montant de cent mille euros est destiné au soutien ou à l'aide que vous voudriez apporter à votre association caritative favorite. Personnellement, je lance des intentions chiffrées croissantes pour soutenir mes associations caritatives préférées, et ces intentions m'appellent et m'inspirent à manifester de plus gros montants à chaque fois.

Peut-être que pour vous, les cent mille euros sont liés à un voyage autour du monde ou au fait de pouvoir verser un acompte sur la maison de vos rêves, ou de pouvoir payer de belles études à vos enfants, ou de pouvoir les inscrire dans une école alternative. Il est important de placer moins d'attention sur l'obtention du montant et de passer plus de temps à vous accorder au grand pourquoi qui vous inspire de lancer le désir de ce montant.

Laissez votre expert.e intérieur.e vous suggérer des actions à entreprendre plutôt que d'essayer de choisir ces actions avec votre mental - qui a peur de l'inconnu, qui se met la pression et qui risque de rendre les choses compliquées et difficiles.

N'oubliez pas que la simplicité et l'aisance sont des valeurs sûres à rechercher. Elles vous invitent à adopter un nouveau mode de fonctionnement. **Tout dans votre vie peut être aisé et facile.** C'est une question de choix. Et je suis l'une des incarnations de l'utilisation de ce nouveau paradigme, puisque depuis un peu avant les années deux mille, j'ai fait le choix de me créer une vie aisée et facile. Lors de ma deuxième grossesse, du fait de circonstances relationnelles, professionnelles et financières difficiles, j'ai compris que vivre une vie complexe et difficile faisait partie de la programmation que nous avons tous reçue de notre environnement de l'époque, mais que ce n'est pas une obligation. Cela restera toujours un choix.

Aussi, décidez dès maintenant que :

- L'argent vous cherche comme vous le cherchez
- La rencontre a déjà eu lieu - l'argent est déjà là puisque ce que vous désirez est déjà présent dans votre vie
- La manifestation visible peut se produire aisément et facilement.

Ensuite, habituez-vous à noter les montants que vous désirez manifester et à vous familiariser avec eux en vous demandant pourquoi vous voulez les manifester. Qu'est-ce qu'ils vont apporter de plus dans votre vie aujourd'hui ?

Jouez avec ceci. Notez dans votre Carnet d'Abondance ce qu'il en ressort. Et surtout...

- Appuyez sur le bouton Pause chaque fois que vous pensez à l'argent.
N'oubliez pas de le faire, car sinon très vite, vous retomberez dans l'ancien paradigme, à entretenir à nouveau des pensées négatives et des fausses croyances face à l'argent. Eventuellement, tenez un journal de vos réflexions face à votre relation à ce personnage qu'est l'argent dans votre scène de théâtre.
- Prenez plusieurs profondes respirations.
- Demandez exactement ce que vous désirez, en ressentant que la manifestation de ce désir est évidente et que le désir est déjà là.
- Notez pourquoi vous voulez qu'il se manifeste aujourd'hui, pour vous, pour votre famille, pour votre conjoint, pour les générations à venir, pour la société.
Plus vous incluez d'autres personnes dans votre vision d'abondance d'argent, plus vous manifesterez aisément le montant que vous désirez obtenir. L'univers vous soutient. Votre âme vous amènera aux rendez-vous d'autres âmes qui veulent vous

soutenir dans votre projet. Non seulement, vous manifesterez le montant aisément et facilement, mais vous le manifesterez avec d'autres, ce qui sera d'autant plus amusant.

Prenez le temps de pratiquer souvent ces exercices, seul.e ou avec vos proches ou amis. Voyez l'abondance qui est déjà là alentour. Amplifiez-la par votre focalisation. Recevez les montants que vous désirez. Demandez et recevez des montants de plus en plus importants. L'univers, l'esprit, la source, veut vous donner cela.

Jouissez de ces manifestations, remerciez de les avoir reçus, bénissez-les, recevez-les à bras ouverts, et vous serez un élément porteur et éclairant pour les personnes autour de vous.

Mon but en écrivant ces pages, c'est de vous aider à être un Modèle d'Abondance, tout en vous amusant, pour que d'autres personnes sur la planète puissent l'être aussi. Ainsi, nous créons un monde d'abondance, de plus en plus vaste, joyeux et léger. Touchons ensemble le nombre de personnes nécessaires pour que cela puisse se produire, en commençant chacun et chacune chez soi, en soi et autour de soi.

Que l'amour et l'abondance vous accompagnent tous et toutes.

10 - MES ACTIONS INSPIREES
DIXIEME MOIS

L'argent me cherche.
L'argent me désire, comme je le désire.

- Appuyez sur le bouton Pause chaque fois que vous pensez à l'argent.
- Prenez plusieurs profondes respirations.
- Demandez exactement ce que vous désirez, en ressentant que la manifestation de ce désir est évidente, et que votre désir réalisé est déjà là.
- Notez pourquoi vous voulez qu'il se manifeste aujourd'hui.
- Incluez d'autres personnes dans votre vision d'abondance d'argent.
- Voyez l'abondance qui est déjà là, alentour.
- Amplifiez-la par votre focalisation.
- Demandez et recevez des montants de plus en plus importants.
- Bénissez ces manifestations et recevez-les à bras ouverts.
- Soyez un Modèle d'Abondance pour le monde, tout en vous amusant.

VENEZ TÉLÉCHARGER VOTRE BONUS

Visitez la page qui vous est exclusivement réservée à vous, chers lectrices et lecteurs de ce livre :
https://aficea.com/abondanceensamusant
Téléchargez les 6 Jeux de Manifestation de l'Abondance, qui vous permettent de Jouer avec votre Allié, l'Argent, et de vous Installer dans le Flux de l'Abondance !

ONZIEME MOIS
Libérez-vous de la folie de l'argent

J'espère que vous vous amusez beaucoup à lancer vos fusées de désirs, financières et autres, à les recevoir et à prendre plaisir tout au long du processus, à la fois de réflexion sur ce que vous voulez lancer et d'ouverture à recevoir ce que vous avez demandé.

A chaque nouveau chapitre, vous recevez des exercices à effectuer. Vous apprenez de nouveaux concepts. J'espère que vous voyez de beaux résultats se manifester. Nous arrivons tout doucement au bout de notre voyage d'abondance et je continue à soutenir votre développement et votre expansion spirituelle et financière. Mon rôle est d'entretenir une vision de vous-même, du monde et de moi-même, en tant qu'entités et personnes divinement pourvues de qualités qu'il nous est demandé de révéler chaque jour davantage.

Aussi, je vous envoie, à vous ainsi qu'au monde entier, des pensées d'abondance et de brillance. Car il est important de se sentir brillant.e et intelligent.e. Ce que nous faisons ici, c'est installer des fondations solides à l'intérieur de nous pour que nos fondations extérieures puissent demeurer solides. Grâce aux 'Jeux d'Abondance' proposés dans ce livre, vous renforcez chaque jour vos fondations de confiance en vous, d'estime de vous-même, d'assurance, de clarté et d'amour-propre.

C'est un élan que nous avons lancé dès le début de cet ouvrage, et que vous entretenez depuis. J'anticipe joyeusement les fruits de cet élan. J'espère que vous ressentez de plus en plus continuellement la joie de suivre votre nouveau rythme de croisière très personnel.

Dans ce chapitre, je vous propose de continuer à vous ouvrir à l'idée que chaque jour, vous vous rapprochez de votre but, en suivant votre cœur, en entrant dans votre joie au quotidien et en décidant de l'entretenir vingt-quatre heures sur vingt-quatre. Dès le matin, vous voyez votre but se rapprocher et vous voyez le temps universel s'ouvrir devant vous. Vous avez le temps, de plus en plus de temps. Vous voyez la magie de la vie et des affaires manifester vos désirs sous vos yeux, de plus en plus rapidement, et vous assistez à un feu d'artifice de manifestations pour vous, vos proches et vos clients. Que ce soit votre intention chaque jour, et c'est ce que vous recevrez.

Votre mantra :

L'univers compte sur moi pour que
je découvre et révèle ma Vérité.

L'univers aime (sa)voir que vous révélez au monde vos convictions, même lorsque les temps sont durs. Exprimez ces convictions. Incarnez ces croyances qui vous tiennent à cœur. Et veillez, lorsque vous êtes face à un carrefour, à choisir toujours le chemin le moins parcouru. Cherchez à relever le défi de l'inconnu. Vous avez la capacité et le courage de le faire. C'est en choisissant le chemin le moins parcouru que vous serez vraiment souverain.e et leader de votre monde.

Le monde a besoin de nouveaux leaders. Le monde a besoin de leaders souverain.es et bienveillant.es, de leaders qui montrent une nouvelle voie, non pas celle de l'autorité et de l'agressivité, mais celle de l'ouverture du cœur. L'univers compte sur vous pour que vous découvriez et révéliez votre Vérité.

Soyez un.e leader souverain.e. Montrez la voie et le chemin du cœur à autrui. Ainsi, vous vous épanouirez pleinement. Choisissez quel type de leader vous voulez être et amplifiez votre sentiment de souveraineté et de leadership en répétant votre mantra.

La folie de l'argent

J'ai remarqué que de plus en plus de personnes sont irritées, frustrées et même complètement bloquées financièrement. Est-ce votre cas ? Vous êtes-vous déjà senti.e frustré.e, voire complètement bloqué.e financièrement parlant, parce que, par exemple, vous ne pouvez pas acheter ce que vous voulez quand vous le voulez ?

Avez-vous la conviction que vous n'êtes pas né.e pour être stressé.e à l'idée de devoir gagner de l'argent, ou toujours plus d'argent, comme la société veut nous le faire croire ?

Est-ce que vous ressentez le désir d'avoir plus d'argent pour vous sentir plus en sécurité, surtout aujourd'hui ?

Avez-vous l'impression qu'en ayant plus d'argent et en vous élevant au-dessus du niveau du "juste assez", vous vous sentiriez plus en sécurité ?

Oui, vous pouvez admettre que vous voulez plus d'abondance, voire même une avalanche d'argent. Choisissez l'image qui vous convient : une douche d'argent régulière ou un compte en banque bien nanti. Choisissez une image qui vous parle.

Peu importe pourquoi vous voulez l'argent. Vous avez le droit de vouloir plus d'argent. Vous avez le droit de vouloir une grande quantité ou une avalanche d'argent. Amusez-vous à noter le pourquoi, parce qu'en sachant pourquoi vous voulez cette somme ou cette quantité d'argent, vous l'attirerez plus facilement. Votre but sera plus clair, et l'univers pourra vous l'apporter avec plus de rapidité et d'aisance.

Peut-être que vous voulez cette somme ou ce surplus d'argent pour pouvoir en donner une partie à une cause qui a du sens pour vous. Aujourd'hui, beaucoup de personnes dans le monde ont besoin d'aide, que ce soit à cause des tremblements de terre, des tsunamis, des guerres, de la famine. Peut-être que vous voulez juste pouvoir payer vos factures à temps. N'ayez aucun jugement arrêté par rapport au pourquoi de votre désir de surplus d'argent. Peut-être que vous êtes comme moi et que vous voulez bénéficier de la vraie richesse pour pouvoir jouir de la liberté, la générosité et la sérénité d'esprit qu'elle vous apporte. Toute raison de vouloir plus d'argent est digne d'être mentionnée.

La vraie question, cependant, est celle-ci :

En avez-vous suffisamment assez de vous sentir mal face à l'argent ?
Êtes-vous enfin las.se de ce sentiment de mal-être ?
Voulez-vous vraiment ressentir et vivre autre chose ?

J'ai observé de nombreuses personnes, et client.es, qui se plaignent de leur manque d'argent mais qui ne font rien pour que leur situation s'améliore. A quoi ce jeu rime-t-il ? Se plaindre de votre mal-être face à l'argent, et continuer à penser et à agir toujours de la même façon. Quel nom pourrions-nous donner à ce mode de fonctionnement et de comportement ? Personnellement, cela me fait penser à une forme de 'folie'.

Se plaindre et en même temps ne rien faire pour que cela change, cela nous rend fou. Voir les mêmes résultats se produire et ne rien faire de différent. Vous voulez avoir suffisamment de folie en vous pour vouloir plus d'argent et ne pas vous contenter de votre situation financière actuelle. Ce mot est le reflet que nous recevons de nombreuses personnes de notre entourage : « *Mais, tu es fou (ou folle) de lâcher ton emploi et de vouloir devenir entrepreneur.e.* » ou « *Tu es folle (ou fou) de vouloir prendre ce risque. Contente-toi de ce que tu as.* »

Comment utiliser votre 'folie' comme carburant pour vous ouvrir à plus d'abondance

Si vous en avez suffisamment assez de vous sentir mal face à votre situation financière, si vous êtes las.se de votre sentiment de mal-être face à l'argent, et si vous voulez vraiment ressentir et vivre autre chose — bref si vous êtes suffisamment 'fou' ou 'folle', voici comment procéder.

Prenons deux cas de figure :

I. Vous voulez vraiment faire quelque chose de différent, mais vous ne savez pas quoi faire

II. Génial ! Demandez de l'aide. C'est la première étape. Prenez le temps de noter à qui vous pourriez demander de l'aide. Si vous voyez que vous voulez vraiment mettre en place quelque chose de différent par rapport à votre situation financière actuelle ou à votre désir de surplus d'argent, à qui pouvez-vous demander de l'aide et quel type d'aide ? Prenez le temps de noter cela.

Personnellement, depuis deux ans environ, je vis un profond processus de transformation. Ce que je fais depuis vingt ans n'engendre plus autant d'enthousiasme qu'avant. Et je me suis demandé : « *Vers quoi est-ce que j'ai envie de me diriger, là maintenant ?* » En recevant la réponse, je me suis vite rendu compte que j'aurais besoin d'aide et de soutien de personnes expertes dans les domaines, nouveaux pour moi, que sont l'immobilier et les investissements. Je me suis laissé ressentir quelles personnes pourraient m'aider à développer mon activité et mes investissements, et j'ai fait appel à elles. Aujourd'hui, je suis entourée d'experts en la matière, tant sur le continent Européen qu'aux Etats-Unis et en Asie.

Créez-vous un planning. Notez à qui vous pourriez demander de l'aide, quel type d'aide et quand ou comment. Allez-vous appeler la personne ? Allez-vous lui envoyer un courriel ? Allez-vous assister à une réunion d'investisseurs ou d'entrepreneurs ?

III. Vous savez quelle action est requise, mais que vous n'arrivez pas à la réaliser.

Là aussi, génial ! Il vous suffit de découper l'action en étapes plus petites. Souvent le mental nous freine en nous faisant craindre la grande action à entreprendre. Le pas nous apparaît alors trop dangereux. Imaginons que votre action, c'est d'écrire un livre pour être reconnu.e comme expert.e dans votre domaine. Ainsi, vos lecteurs vont vouloir s'inscrire dans vos cours et vos ateliers, et vous pourrez les amener plus loin. Vous connaissez l'action, mais elle vous paraît énorme. Réduisez cette action en petites étapes. Réalisez déjà la première petite étape, en vous demandant : « A qui pourrais-je demander de l'aide ? Quel type d'aide ai-je besoin ? Et quand pourrais-je le faire ? »

Ecrire un livre, pour beaucoup d'auteur.e en herbe, paraît totalement inaccessible. Toutes les excuses fusent : *Je n'ai pas le temps. Pour qui je me prends ? Personne ne pourra acheter mon livre parce qu'il sera perdu dans une mare d'ouvrages publiés le même jour.* Toutes ces phrases, je les ai pensées également. Mais, je me suis accrochée à mon désir et j'ai réduit l'énorme tâche que représente l'écriture du livre, sa publication, sa diffusion, en étapes plus petites, que j'ai pu ensuite exécuter parce qu'elles me faisaient moins peur.

Par ailleurs, subdiviser votre grande tâche en petites actions vous donne également de l'élan. Vous voyez le processus étalé devant vous. Cela vous donne l'élan de réaliser un petit pas chaque jour, et cela va changer votre vie.

Notez l'action qui vous est inspirée pour atteindre ce surplus d'argent, attirer ce montant ou sortir de cette situation financière difficile, puis rédigez la liste des petits pas que constituent cette action inspirée. Si vous voulez écrire un livre per exemple, votre mental risque de vous faire croire que c'est beaucoup trop de travail. Non. Si vous aimez le sujet que vous avez choisi et que vous subdivisez l'action en petites étapes, vous saurez quelle est l'étape logique suivante pour vous, et vous en réaliserez une chaque jour. En finale, vous verrez que cette 'grosse' action est assez facile à réaliser.

Pour écrire un livre (ou créer un nouveau cours ou programme), vous voulez créer son contenu. Pour ma part, le simple fait d'imaginer le contenu de ce que j'aimerais offrir à mes lecteurs ou clients sur le sujet de l'abondance financière me donne envie de me lever le matin, de me mettre devant mon bureau et de commencer à le générer ou le 'canaliser'.

Ensuite, se posent les questions : combien de chapitres ou leçons est-ce que je veux offrir ? Avec quelle structure ? Conseils, puis exercices, et enfin anecdotes ? Pour un cours, est-ce sous la forme de vidéos, d'audios, de documents en PDF, de support de cours physiques ? Comment est-ce que je dispose ces conseils, exercices, anecdotes dans mon premier chapitre ? Quelles est la structure de mes chapitres ? Pour un cours, est-ce que veux l'offrir dans le cadre d'un petit groupe, d'un plus grand groupe ?

Ce sont des mini décisions à prendre, qui constituent de mini pas en avant, que vous pouvez réaliser aisément en fin de compte.

Une fois que vous avez noté cette série de petits pas, demandez-vous si vous pourriez déléguer certaines de ces tâches ? Par exemple, j'écris les chapitres du manuscrit, mais je peux déléguer la mise en page au réviseur. Pour un cours ou un programme, je génère le contenu mais la création du support, je peux la déléguer à mon assistante par exemple ou au copywriter qui va rédiger la page de vente. Cet.te expert.e va rédiger le contenu d'une façon qui me permettra de faire des ventes ou d'offrir d'autres cours en ligne par la suite, en y introduisant des hyperliens par exemple.

A nouveau, faites la liste du type de tâches que vous choisissez de déléguer, et à qui vous voulez les déléguer.

Ensuite, jouez à un jeu qui vous permet de briser la croyance que vous n'avez pas l'argent pour payer ces personnes. Trouvez le moyen de financer ces tâches déléguées à d'autres en vous laissant inspirer des idées logiques ET farfelues. Vous pourriez vous dire : « *Pour pouvoir m'offrir les services d'une assistante, que je paye 10€ ou 30 € de l'heure, si j'estime avoir besoin de 10 heures par semaine, je sais qu'il me faut générer 100 à 300 € par semaine. Je pourrais me donner comme objectif de vendre un infoproduit par jour ou par semaine selon le prix de l'infoproduit.* » Les actions inspirées fuseront parce que vous avez décidé de demander l'aide de cette personne et que vous aurez une idée claire du montant nécessaire.

C'est votre décision qui finance la manifestation de votre désir.

Prenez le temps de constituer votre liste de petites tâches, indiquez à qui vous comptez déléguer ces tâches, lesquelles vous allez réaliser vous-même, quand allez-vous les réaliser et quand allez-vous demander à ceux à qui vous déléguez les tâches de les avoir terminées. Une fois que tout cela est bien clair dans votre agenda, cela vous paraîtra beaucoup moins grand à mettre en place.

En règle générale, je conseille d'avoir maximum trois grands projets à mettre en œuvre par année. Un par trimestre.

Le but de cet exercice, c'est de transformer l'habitude de souffrir et de continuer à souffrir à cause d'une situation qui est absolument sous votre contrôle. Cessez de souffrir parce que vous croyez qu'écrire un livre n'est pas possible pour vous. Cette situation peut sembler hors de votre contrôle, mais vous le voyez bien ici, ce n'est pas le cas.

Rappelez-vous, **vous ne pouvez pas entretenir un désir si vous n'avez pas les moyens de le réaliser.** L'univers ne vous inspirera jamais un désir si vous n'avez pas les moyens intérieurs et les ressources extérieures pour le réaliser. La seule chose qui vous empêche de recevoir ces ressources extérieures et de faire appel à vos ressources intérieures, c'est le mental qui préfèrent vous maintenir dans votre zone de confort - dans le statu quo, en répétant *Contente-toi de ce que tu as et de ce que tu as fait jusqu'ici*. Or, vous voulez être des 'leaders' souverain.es pour pouvoir créer votre vie, et rester maître de votre vie. Dès lors, il est important d'élargir votre zone de confort.

Je me rappelle cette phrase de Jack Canfield[17] : « *Chaque nouvelle*

---

[17] **Jack Canfield** est un auteur-conférencier américain. Il est devenu célèbre grâce à sa série de livres de développement personnel *Chicken Soup for the Soul* ("Bouillon de poulet pour l'âme") qui s'est vendue à plus de 100 millions

journée vous sort de votre zone de confort parce que votre développement se trouve en dehors de votre zone de confort. » C'est une phrase qui m'a beaucoup parlé.

Bien sûr, nous vivons tous des moments - à la fin d'un cycle ou d'une spire de notre spirale d'expansion, où nous avons juste envie de nous reposer sur nos lauriers. C'est humain. Prenez le temps de le faire. Je me suis donnée toute une année, ou en tous les cas de nombreux mois, pour pouvoir me reposer sur mes lauriers et me réénergétiser, faire le tri de ce que je n'ai plus envie de faire et aller vers ce qui m'appelle, ce qui me sort totalement de ma zone de confort. Donnez-vous ce temps vous aussi.

Et faites-vous confiance. Faites-vous confiance parce que pour avoir, recevoir et attirer plus d'argent, vous devez croire que vous êtes digne d'en avoir plus. Dès lors, vous devez croire que vous méritez de moins lutter, de moins croire ce que croient la plupart des gens - *la vie est dure. L'argent est difficile à trouver* -. Non. Vous méritez cet argent. Vous méritez d'avoir beaucoup d'argent. Vous méritez d'avoir une avalanche d'argent, d'opportunités et de nouvelles personnes qui vous ressemblent. Vous méritez de ne plus devoir lutter.

Je le disais, il n'y a pas si longtemps, dans l'une des téléclasses que j'anime pour Le Cercle de l'Abondance Financière. L'espèce humaine est arrivée au bout de ce comportement de soumission à la souffrance et de cette habitude de croire qu'il faut que la vie soit difficile pour mériter d'avoir une vie agréable. Non. Nous avons suffisamment souffert. Sortons de cette croyance en la souffrance comme mérite. Nous n'avons pas à souffrir pour mériter ce que nous désirons.

Vous devez également croire que vous avez les ressources nécessaires pour attirer plus. Le croyez-vous ? Croyez-vous qu'il soit

---

d'exemplaires dans une trentaine de langues. J'ai eu le bonheur d'assister à sa Retraite Mastermind à Florence en juin 2017.

facile d'avoir de l'argent ? Moi, je le crois. J'ai développé cette conviction qu'il est incroyablement facile pour moi d'avoir de l'argent, et c'est vrai. C'est incroyable comme il est facile d'avoir de l'argent. Mais cela ne semble facile qu'une fois que vous admettez l'avoir obtenu à plusieurs reprises. Une fois que vous reconnaissez avoir manifesté l'argent aisément à plusieurs reprises, cela devient facile. Cela devient crédible, et ensuite évident.

Jeu d'Abondance

Voyons ensemble quelle est la première étape pour sortir du sentiment de folie face à l'argent et obtenir l'argent que vous désirez dans votre poche ou sur votre compte en banque de façon très concrète. Vous serez étonné.e de ce que je vais vous proposer.

1. **Respirez**. Observez votre situation actuelle et respirez. Beaucoup de personnes bloquent leur respiration face aux difficultés. Respirez profondément pour vous détendre, pour vous mettre en mode de réception et d'ouverture à l'argent ou au surplus d'argent que vous avez demandé. Soyez présent à l'état de stress que vous ressentez, et acceptez-le. Acceptez de vous sentir mal. Acceptez cet inconfort. Acceptez le fait qu'il n'est réel que pour ce moment. Puisque vous en avez le contrôle.

2. **Décidez exactement où vous allez**. Il ne s'agit pas d'émettre un vague souhait. Vous avez le choix de continuer à obtenir les mêmes résultats en faisant la même chose, ou de vous engager à faire quelque chose de mieux ou de différent. Quelle forme prend ce 'mieux' ? Quelle est la destination vers laquelle vous voulez aller ? Imaginons que jusqu'à présent, vous avez réussi à manifester tous les mois deux mille euros ou dollars. Ce 'mieux' pourrait être de manifester trois mille euros. Ou si vous avez un chiffre d'affaires régulier de cinquante mille euros par an, ce 'mieux' pourrait être un chiffre d'affaires de cent mille euros par an. Si vous êtes endetté et que cela commence à vous peser, ce 'mieux' pourrait être : « *J'ai remboursé toutes mes dettes.* » ou si ce

n'est pas encore crédible pour vous, il pourrait s'agir de : « *J'ai mis en place un plan efficace de remboursement de ces dettes.* » Décidez quelle forme prend ce 'mieux' pour vous.

3. **Engagez-vous à mettre fin à toutes les pensées qui vous stressent face à l'argent.** Vous voulez même vous fâcher sur votre mental. Vous voulez lui dire de se taire, parce que vous avez le choix de continuer à vous embourber dans ce stress ou de mettre en place de nouvelles habitudes toutes simples, qui seront de petits pas vers votre libération. Comme refuser de créer une nouvelle dette, à moins d'en avoir vraiment besoin pour pouvoir manger, par exemple.

Engagez-vous à réaliser une action par jour qui pourrait vous rapporter de l'argent. Par exemple, faites le tri de ce qu'il y a dans votre garage et regardez ce que vous pourriez vendre. Retrouvez dans vos dossiers les anciens clients que vous pourriez recontacter. Quels sont les contenus qui dorment sur votre disque dur ou dans vos tiroirs, et que vous pourriez proposer sous une nouvelle forme, par exemple dans les pages d'un livre. Je connais nombre de mes client.es dont les notes inspirées dorment dans des tiroirs, voire des manuscrits complets, alors qu'elles pourraient les publier et grâce à cela, déclencher de nouvelles ventes.

Choisissez quel engagement financier vous prenez, comme épargner dix euros par mois, ou mille euros par mois. Dites à votre mental : *Ça suffit. Cesse de me stresser. Je choisis de mettre en place de nouvelles habitudes qui vont te rassurer.* Le mental vous stresse parce qu'il a peur. Rassurez-le et utilisez votre irritation pour vous propulser vers votre nouvelle destination.

Je vous rappelle les trois étapes :

1. Respirez face à votre situation actuelle et acceptez-la en sachant qu'elle est temporaire. Un mantra que j'aime beaucoup pour ce faire, c'est : *"Ceci passera aussi."* C'est un mantra que j'utilise même lorsque tout va bien, pour me rappeler humblement que tout est impermanent et pour m'éviter de m'attacher

aux choses et aux circonstances. *Cela passera aussi. Tout est parfait.* Un autre mantra que j'adore : "*Tout va toujours très bien pour moi.*" Celui-ci inspire l'idée que tout est toujours en très bonne voie pour moi parce que les agents de l'univers œuvrent dans l'invisible, toujours pour le meilleur. J'en ai la conviction. Même lorsque ma réalité semble empirer, dans mon esprit, je garde ce fil rouge. Je garde cette conviction qui m'aide à continuer à avancer de façon très pratique aussi. Bien sûr si je suis à un niveau de survie, il est important que je mette en place des actions qui me permettent d'apaiser ma peur de me retrouver sous les ponts, par exemple. C'est la peur de beaucoup de personnes en ce moment.

2. Ensuite, décidez de votre destination. Où voulez-vous aller exactement ? Ne restez pas dans le vague. Notez clairement ce que veut dire un 'mieux' pour vous ou 'plus d'argent' pour vous ou la 'vraie richesse' pour vous. Cela veut dire quoi très clairement ?

3. Enfin, engagez-vous premièrement à faire taire votre dialogue intérieur qui vous limite et qui vous stresse. Pour le faire taire, vous mettez en place de petites actions et de petits pas à réaliser chaque jour pour vous rapprocher de votre objectif. Dès lors, vous sortez du sentiment de stress, d'échec ou de défaite qui vous freine. Vous entrez dans une émotion beaucoup plus puissante en récupérant votre pouvoir et en mettant en place quelque chose de nouveau, en agissant de façon différente et nouvelle, un petit pas à la fois.

Voilà comment vous allez pouvoir sortir de la folie de l'argent. Cette folie dans laquelle nous plonge le mental parfois, face à certaines situations financières. Nous avons l'impression de nous taper la tête contre le mur. Alors que c'est juste le mental qui vous fait croire : *C'est toujours à moi que cela arrive ! C'est cyclique. Je pensais avoir transformé cette peur, transformé cette croyance.*

En même temps, vous voulez vous sentir suffisamment fou et folle pour mettre en place quelque chose de nouveau, pour prendre un risque et élargir votre zone de confort. Ainsi, vous oserez faire quelque chose qui vous paraît fou aujourd'hui, et qui demain vous paraîtra tout à fait normal. Ce sera devenu votre nouvelle norme. Comme par exemple si aujourd'hui vous attirez facilement deux mille euros tous les mois, votre nouvelle norme très bientôt sera de générer trois mille euros tous les mois. C'est ainsi que j'ai développé mon activité.

Je me rappelle il y a dix-neuf ans lorsque nous avons débuté notre première activité de vente directe, notre but était d'obtenir dix mille euros par mois. Cela nous paraissait inaccessible, à mon mari et à moi-même. Nous arrivions à peine à attirer peut-être trois à cinq mille euros par mois. Quelques années plus tard, nous nous sommes rendu compte que ces dix mille euros par mois étaient devenu notre norme. C'était devenu facile. C'était devenu évident et normal.

Aussi, je me suis amusée à doubler le montant à chaque fois, en me disant : « *Je vais attirer vingt mille euros par mois cette année.* Puis, je suis passée à trente mille euros par mois. C'est un jeu que vous jouez pour vous permettre de grandir et d'Être Qui vous voulez être. Vous élargissez votre zone de confort, vous élevez votre norme et vous rejoignez les rangs des personnes qui sont "riches". Elles sont riches, non pas de millions déposés sur un compte, mais bien de cette capacité de s'offrir une promotion et un bonus chaque fois qu'elles le désirent ou à chaque fois qu'elles en ont besoin. Voilà la plus grande des libertés.

C'est cela la liberté et l'indépendance financière : Être votre propre patron.ne. Être Souverain.e financièrement. Être la ou le leader qui se dit : « *J'ai envie d'avoir un style de vie qui me permet de voyager, de rencontrer des personnes qui connaissent l'abondance, de louer une belle villa quand j'en ai envie, d'offrir de l'argent à des causes qui sont importantes pour moi, d'être généreuse, d'inscrire mes enfants dans des écoles qui ont du sens pour moi. Et cela, j'estime que je pourrai le faire en recevant X euros par mois.*

Procédez par incréments. Si vous manifestez aisément deux mille euros par mois, ne demandez pas tout de suite dix mille par mois. Cela peut être votre fil rouge à long terme. Cependant, le premier pas, c'est peut-être d'atteindre trois mille par mois, et puis cinq mille par mois. En fonctionnant comme cela, la progression est plus douce et aisée. Sauf, pour les personnes comme moi qui aiment faire de Grands Sauts en avant. Si vous avez la structure qui vous permet de le faire, sautez en choisissant de doubler, tripler, voire décupler vos rentrées.

Encore une fois, je vous rappelle les étapes de ce jeu de Libération de la Folie liée à l'argent :

- Respirez profondément.
- Décidez de votre destination chiffrée de façon très claire.
- Engagez-vous à mettre en place de nouvelles habitudes pour permettre à votre mental de se taire, de s'apaiser et de laisser beaucoup plus de place à l'inspiration et au lien avec la Source en vous.

C'est ainsi que vous pourrez sortir du sentiment de stress et de défaite face à l'argent, tout en vous sentant suffisamment fou ou folle pour aimer l'argent et apprécier votre partenariat avec lui. L'argent veut que vous profitiez plus de sa présence. Il veut rester à vos côtés. Donnez-lui envie de rester près de vous.

Je vous souhaite beaucoup de plaisir avec ceci. Notez ce qui se passe pour vous lorsque vous vous vous montrez suffisamment fou et folle avec l'argent pour jouer des jeux avec lui, pour élargir votre zone de confort et prendre des risques.

J'adorerais savoir quelles histoires se produisent dans votre vie lorsque vous jouez à ce jeu. Que la joie et l'abondance vous accompagnent tous et toutes.

11 - MES ACTIONS INSPIREES
ONZIEME MOIS

**L'univers compte sur moi pour que
je découvre et révèle ma Vérité.**

- Libérez-vous de la folie liée à l'argent.
- Respirez profondément.
- Décidez de votre destination chiffrée de façon très claire.
- Engagez-vous à mettre en place de nouvelles habitudes pour laisser plus de place à l'inspiration et au lien avec la Source en vous.
- L'argent veut que vous profitiez davantage de sa présence.
- Donnez envie à l'argent de rester auprès de vous.
- Continuez à jouer des jeux avec l'argent, pour élargir votre zone de confort et prendre des risques.

VENEZ TÉLÉCHARGER VOTRE BONUS

Visitez la page qui vous est exclusivement réservée à vous, chers lectrices et lecteurs de ce livre :
https://aficea.com/abondanceensamusant
Téléchargez les 6 Jeux de Manifestation de l'Abondance, qui vous permettent de Jouer avec votre Allié, l'Argent, et de vous Installer dans le Flux de l'Abondance !

DOUZIEME MOIS
Vous grandissez… alors pourquoi
vous sentez-vous si mal ?

Je suis très heureuse de vous retrouver pour ce douzième cha-pitre qui va vous aider à comprendre ce qui se passe lorsque vous sautez vers une nouvelle spire. Ce n'est pas facile à gérer au ni-veau émotionnel.

Nous avons vu une douzaine de thèmes tout au long des cha-pitres de cet ouvrage, visant à vous inspirer à créer l'abondance en vous amusant. Et j'espère que vous vous êtes amusés avec les exercices des chapitres précédents, que vous voyez de beaux ré-sultats et que vous révélez davantage de belles qualités d'abondance. Notez-les. Il est crucial de faire régulièrement le bilan de ces traits que vous pouvez affirmer encore plus fort et encore plus puissamment dans votre petit monde personnel, et dans le monde plus vaste.

Ces douze derniers mois, nous avons pris le temps de déve-lopper votre sentiment d'abondance, votre sentiment d'intelligence et de brillance personnelle, votre sentiment de gé-nérosité et de liberté. J'espère que vous vous sentez solide désor-mais, car en tant que leader souverain.e, désireux et désireuse d'avoir un réel impact dans le monde, cette solidité est indispen-sable. D'autant plus aujourd'hui que la plupart des systèmes et des paradigmes sont en train de changer et que beaucoup de per-sonnes se sentent fragiles et vulnérables. Et si la fragilité et la vul-nérabilité sont une bénédiction, il convient qu'elles puissent s'exposer dans la confiance et l'assurance de fondations solides. Si vous êtes solide à l'intérieur, vous oserez plus facilement vous montrer tel que vous êtes dans vos moments de fragilité.

Continuez chaque jour à renforcer vos fondations de confiance en vous, d'assurance, de clarté d'amour-propre, et maintenez l'élan lancé dès le premier chapitre. Continuez à suivre votre rythme de croisière très personnel. Et ouvrez-vous à l'idée que vous vous êtes rapproché de votre but un peu plus encore aujourd'hui. Relisez chaque chapitre autant de fois que nécessaire pour installer jusque dans la moindre de vos cellules une grande ouverture à l'abondance universelle et illimitée de l'univers, et au temps illimité de l'univers. En effet, aujourd'hui le temps est une ressource très prisée, qui heureusement est, elle aussi, toujours à notre disposition, tout comme l'abondance et l'argent. La ressource temporelle est disponible à tout le monde, mais beaucoup de personnes ne la voient pas, ne reconnaissent pas leur souveraineté sur elle, ou n'en font pas le choix. Prenez le temps de reconnaître que le temps forme un espace grand ouvert devant vous, et qu'il est illimité.

Votre mantra :

J'ai tout le temps du monde.

Ce message s'adresse à votre cerveau droit qui, lui, peut comprendre cette Vérité et s'ouvrir à ce "temps – illimité - du monde". Puis, continuez à vous plonger dans la magie de la vie, et dans la magie de vos affaires. L'univers est votre directeur financier, votre directeur relationnel, votre directeur des ressources humaines, votre directeur administratif. Vous pouvez lui demander à tout moment ce dont vous avez besoin.

L'univers veut vous rappeler qu'il sait comment faire les choses. Il sait ce qu'il faut faire. Et il vous demande de l'envoyer là où vous avez besoin que quelque chose se produise. Envoyez-le, lui, à cet endroit-là. N'envoyez pas votre mental. N'envoyez pas des amis ou des proches, qui sont limités dans leur ouverture aux possibilités. L'univers a les réponses. L'univers a des solutions. Imaginez l'univers tel une boule d'or tourbillonnante qui entre et qui sort de votre vie, qui va et qui vient dans votre univers, qui guérit, qui aide, qui apaise, qui comprend, qui montre, qui répare, qui crée des ponts, qui ranime la flamme, qui vous aime tel un ami.

Laissez l'univers être votre médecin. Laissez l'univers être votre avocat, votre juriste, votre conseiller financier ou votre ambassadeur. Laissez l'univers envoyer ces vaisseaux d'explorateur. Laissez l'univers explorer pour vous, découvrir pour vous, éclairer votre voie, parce qu'il n'y a nulle part où vous ne pourriez pas aller avec lui. Il n'y a personne que vous ne puissiez atteindre avec lui. Et il n'y a rien que vous ne puissiez faire avec lui à vos côtés.

Remettez-vous-en à l'univers. Utilisez l'univers comme émissaire, comme ambassadeur, comme explorateur, comme apporteur d'affaires et de solutions. Ayez recours à ses possibilités infinies.

Abordons le thème de ce chapitre : pourquoi vous sentez-vous si mal alors que vous savez que vous grandissez ?

Je suis en train de vivre cette formidable expansion, alors pourquoi est-ce que je me sens si mal ?

Ce thème de chapitre m'a été inspiré parce qu'il y a peu de temps, l'une de mes clientes de haut niveau m'a partagé quelque chose d'assez étonnant. Après l'une de nos séances de mentoring habituel dans le cadre de son programme, elle a manifesté une nouvelle maison. Elle a manifesté un nouveau gros contrat. C'était les deux intentions qu'elle avait lancé au tout début de notre programme. Et à partir de là, davantage de bénédictions encore sont entrées dans sa vie. Une nouvelle vie, une nouvelle communauté de personnes autour d'elle, toutes sortes de nouvelles opportunités. Bref, la transformation à grande échelle, et de grande ampleur. Incroyable, n'est-ce pas ? Oui, si ce n'est qu'après cette formidable expansion, lors d'un autre appel de coaching, elle m'a partagé ceci : « *Je suis en train de vivre une énorme ascension. Ma vie ne ressemble plus du tout à ce qu'elle était. Je vois enfin ce qui est possible pour moi. Alors, pourquoi est-ce que je me sens si mal ?* »

Ce qu'elle décrit ici, c'est **le creux après le sommet**.

Nous avançons sur notre nouvelle spire d'expansion. Nous nous sentons en super forme. Tout se passe comme prévu, et même mieux, et malgré tout, nous ressentons un sentiment bizarre et inconfortable. Un 'Oui, mais...'. C'est la contraction après l'expansion et c'est un stade du processus de manifestation dont on parle très peu. Parfois, cette contraction est minime. Votre voiture tombe en panne, ou si vous avez des enfants, la baby-sitter ou la nounou vous quitte, ou encore vous recevez la nouvelle d'une grosse dépense inattendue. Tel est le genre de petits contrastes que vous avez l'habitude maintenant de transformer assez facilement.

Cependant, par-dessus tout cela, il y a une forme de tristesse. Une tristesse qui vous étonne au beau milieu de toutes ces bénédictions. Je parle d'expérience ici, parce que ces trois dernières années, je l'ai ressentie, cette tristesse. Je me disais : « *De quel droit est-ce que je me sens triste ? J'ai tout ce que je désire. J'ai tout ce que j'ai toujours voulu avoir, et malgré tout, je me sens triste.* »

En tant qu'êtres divins qui vivent une expérience humaine, il est probable et même fréquent que lorsque nous utilisons notre pouvoir de création pour modifier radicalement notre réalité, la partie humaine en nous - nos systèmes humains intérieurs, réagissent fortement. Une forme de déstabilisation se produit. C'est le propre des systèmes humains limités, de se déstabiliser dès qu'un des piliers commence à s'ébranler. Une partie de notre cerveau est programmée pour continuer à nous faire vivre ce qui est familier pour nous, ce qui correspond à nos programmes intérieurs, ces expériences qui sont étiquetées comme acceptables - « *Je peux survivre à cela.* » Une partie de notre cerveau recrée constamment ces situations.

C'est un cycle continuel des mêmes réactions encodées à l'intérieur de vous, qui sont issues de nos expériences passées, outre toutes les programmations des croyances reçues et entretenues tout au long de notre vie. Notre mental est programmé pour nous maintenir dans un schéma où nous recevons et recréons toujours plus de la même chose, parce que qui dit même chose, dit sécurité. Il est important de savoir que le mental travaille pour notre survie. Il s'appuie toujours sur l'époque où l'humain vivait dans les cavernes et où c'était une question de vie ou de mort de rester dans le familier et le connu - ce qu'aujourd'hui nous appelons la 'zone de confort'.

Imaginons que vous présentez à votre mental une nouvelle intention ou vision, comme par exemple, manifester cinq mille, dix mille ou vingt mille euros par mois, et que vous vous engagez à manifester ce montant dans le mois, alors que vous n'avez jamais gagné ce genre de montant. Vous décidez par exemple de lancer un nouveau programme de coaching. Vous faites un lancement avec des partenaires. Vous attirez le montant désiré. Cette nouvelle expérience étonnante ne vous semble pas sûre. Elle n'est certainement pas familière et votre mental ne sait pas quoi en faire. En effet, il ne se sent bien et il ne s'épanouit que lorsque tout reste comme avant. Le familier, l'ancien et le connu lui vont bien, parce qu'ils sont sûrs. Dès lors, des suites de la manifestation réussie, il peut créer un gros contraste, un problème familial ou de santé. Il peut générer un sentiment d'apathie, ou tout autre type de circonstances déstabilisantes.

Nous pourrions même utiliser l'image de la gueule de bois. Car vous vous sentez comme drogué ou saoulé par cette expansion, ou ce que j'aime appeler le sentiment d'extase créatrice. Puis, vous vivez la gueule de bois de l'expansion. Voilà à quoi correspondent cette tristesse et ces manifestations désagréables inattendues.

Cette étape fait partie du processus de manifestation et se produit soit juste après la réalisation d'un de vos rêves, soit à la fin de chaque nouvelle spire. Dès que vous avez fait le tour d'une aventure ou 'entreprise', vous éprouvez une sacrée gueule de bois, qui prend la forme de circonstances et d'émotions imprévisibles. Il peut s'agir d'une forme de léthargie. Vous n'avez plus envie de bouger. Vous n'avez plus envie de vous lever le matin. Ou vous pouvez développer les symptômes d'une grippe. Tout cela est le résultat de l'action du mental face au fait qu'une partie de vous est prête à avancer vers un nouveau niveau de succès, de développement ou d'expansion. D'un côté, vous voulez y accéder parce que votre âme vous y appelle, et d'un autre côté, le mental vous freine. Voilà le conflit intérieur qui crée les problèmes de grippe, de léthargie, de manque d'enthousiasme.

Sans parler du processus de deuil qui s'est enclenché dès votre décision d'avancer vers ce nouveau niveau d'expansion. Vous devez faire le deuil des anciennes façons d'être que vous avez entretenues tout au long du cycle que vous quittez, et qui a pu durer cinq, dix, quinze, voire vingt ans même. Car lorsque vous voulez embrasser quelque chose de nouveau, vous êtes obligé.e de lâcher ce qui a servi votre but à un moment donné, mais qui est devenu obsolète. C'est cela qui est inconfortable. C'est cela qui crée le conflit intérieur et qui nous amène à vivre comme une petite mort.

Ce fut ma propre expérience ces dernières années. J'ai ressenti une forme d'évidence qu'il me fallait lâcher quelque chose, et en même temps, j'étais tellement accrochée à mon ancien mode de fonctionnement – qui me semblait très frais - que je ne pouvais pas imaginer le lâcher, même si une partie de moi comprenait que c'était indispensable. C'est inconfortable.

Jeu d'Abondance

Comment vous écouter et vous honorer, vous-même mais aussi le malaise et l'inconfort, tout en poursuivant votre nouvelle voie ? En effet, il est important de pouvoir continuer à avancer vers ce nouveau chemin.

1.   Prenez soin de vous, et faites-en une pratique.

Dans ces moments de transition importants, vous êtes tendu.e. Vous êtes soucieux.se. Vous avez besoin de vous détendre. Pensez à aller au Spa. Pensez à vous offrir des soins du corps. Allez chez la manucure ou la pédicure, même si votre vie est bien remplie. Il est crucial que vous vous réserviez du temps pour vous remplir de bonté, de douceur et d'amour. Donnez la priorité à tout ce qui nourrit votre corps, vos émotions et votre âme à ce moment-là. Trente minutes à écouter vos audios ou vos podcasts préférés vont vous apporter énormément de bien-être. Notez dans votre agenda vos moments de rendez-vous avec vous-même et avec la douceur.

2. Offrez-vous des pauses sacrées.

Vous voulez profiter de ces moments de transition pour vivre en conscience, au maximum. Offrez-vous une longue pause sacrée - comme moi-même je l'ai fait ces derniers temps - chaque fois que vous vous sentez appelé.e à remarquer et apprécier la vérité de ce qui se passe en vous. Oui, cela se passe et vous voulez honorer ce processus de deuil en cours à l'intérieur de vous. Parallèlement, vous voulez célébrer votre propre puissance créatrice qui est en train de vous mener vers une nouvelle direction. En effet, vous êtes en train de vous transformer et de dépasser vos limites, et, cela mérite votre respect. La partie divine en vous mérite ce respect. Et, la partie humaine en vous, qui a peur de vivre cette pause sacrée où elle est encouragée à vivre en conscience, va pouvoir s'apaiser aussi.

3. Demeurez dans le nouvel espace vibratoire que vous êtes en train de générer.

Lors de tout changement, vous l'avez certainement déjà remarqué, il est très facile de retourner vers votre zone de confort, vers votre ancienne manière d'être. Je me rappelle que lorsque j'ai sauté du salariat vers l'entreprenariat, après quelques mois de difficultés, je me suis dit : « *Ah, si seulement je pouvais retrouver un emploi.* » C'était tellement rassurant pour mon mental de savoir que, comme salariée, je bénéficierais de la sécurité d'un salaire mensuel. Mais, je savais très bien qu'une partie de moi-même n'était plus capable de le faire. Revenir en arrière n'était pas une option.

Malgré tout, j'ai fait de nombreux allers-et-retours entre ces deux visions.

Lors des gros changements, il est plus facile pour le mental de retourner vers sa zone de confort. Aussi, même si vous utilisez des outils de développement personnel ou d'affaires, comme jouer avec l'argent, répéter des affirmations, mettre en place de nouveaux systèmes pour créer des résultats tangibles, même si vous voyez des résultats, par moment vous pourriez vous trouver des excuses pour ne plus appliquer certains rituels par exemple, ne plus méditer ou regarder vos chiffres. Vous pouvez même retomber dans vos anciennes illusions, perceptions, schémas et habitudes. Cela fait partie du processus, rassurez-vous. Aussi, entourez-vous des personnes, des messages et des informations qui représentent votre nouvelle voie.

Vous êtes comme assis entre deux chaises. Vous avez un pied dans l'ancien, un pied dans le nouveau. Veillez à ce que le pied planté dans le nouveau soit bien plus solide et stable que le pied encore posé dans l'ancien, car vous allez devoir lever ce dernier à un moment. Dès lors, renforcez la nouvelle voie vers laquelle vous vous dirigez, et planifiez votre journée pour utiliser votre volonté - qui est votre capacité à choisir tout simplement et dire oui aux nouvelles façons d'être qui ont soutenu les résultats dont vous bénéficiez aujourd'hui. Ces nouvelles façons d'être peuvent prendre la forme de vous focaliser davantage sur ce qui va bien dans votre vie ou dans votre activité, ou passer plus de temps à vous sentir déjà Être la personne que vous voulez être sur votre nouvelle voie. Ce sont les pratiques que vous avez mises en place pour obtenir les résultats qui font partie de votre vie et qui sont devenus votre nouvelle norme.

Maintenez votre nouvelle voie au centre de votre conscience, tel un fil rouge.

C'est là que faire partie d'un groupe ou d'une communauté, comme Le Cercle de l'Abondance Financière, peut faire toute la différence. Vous voulez vous entourer de personnes qui avancent déjà dans votre nouvelle direction. A mon sens, c'est un des éléments essentiels. Si vous continuez à entretenir des relations trop répétées avec les personnes de l'ancienne voie, vous perpétuez l'hésitation, la procrastination et le doute à l'intérieur de vous. Cela ne veut pas dire que vous devez couper vos relations avec ces personnes. Vous voulez honorer leur présence, tout en allant vers de nouvelles communautés, et vers ces personnes qui représentent ce que vous voulez devenir dans les années à venir.

4.   Restez concentré.e sur ce que vous êtes en train de créer.

Rappelez-vous pourquoi vous êtes arrivé.e à ce stade. Souvenez-vous du désir qui vous a amené.e à cet endroit. Personnellement, le désir qui m'a amené à la grande transformation de ces dernières années, c'est le désir de 'me retraiter'. Je voulais avoir beaucoup plus de temps pour moi. Ne plus avoir autant d'heures programmées le soir pour des coaching, des séminaires ou des cours. Être beaucoup plus libre, tout en gardant le même niveau de vie. Ce désir était très puissant, de me rapprocher de ma famille, d'être beaucoup plus présente pour mes filles adolescentes. Il était tellement fort que lorsque je m'en souviens, je peux vraiment dire : « *Oui, c'est vraiment la voie que je veux suivre dorénavant.* »

L'inconfort que vous ressentez aujourd'hui n'est rien comparé aux limites dans lesquelles vous viviez par rapport à la personne que vous êtes devenue. Ces limites vous convenaient dans le passé mais aujourd'hui, elles ne vous conviennent plus parce que vous avez grandi. Vous les avez dépassées. Pensez à ce que vous désirez le plus, parce qu'ainsi vous l'énergétisez et vous le magnétisez.

5.   Bénissez et lâchez ce qui a été.

Oui, la croyance qui vous limite aujourd'hui était la solution d'hier. Ces anciennes manières d'être vous ont très bien servi jusqu'à maintenant. Ne les reniez pas. Au contraire, honorez-les en les bénissant. Honorez ces parties de vous qui vous ont brillamment amené.e ici et maintenant, et honorez votre choix de vous diriger vers une nouvelle voie.

Comment bénir et lâcher l'ancien ? Voici un petit rituel tout simple que vous pouvez mettre en pratique :

- Purifiez votre espace.

C'est très important. Votre environnement garde l'énergie que vous avez vibrée pendant toutes les années passée sur cette spire que vous avez quittée. Personnellement, j'aime brûler de la sauge ou de l'encens dans l'espace que je veux purifier. Vous pouvez aussi utiliser des images ou des symboles. La danse et le chant purificateur peuvent également vous aider à purifier l'espace.

- Reliez-vous à votre soi futur.

Imaginez-vous être déjà la personne que vous voulez être. Fermez les yeux. Reliez-vous à votre respiration et visualisez la version idéale de vous-même dans le futur, celle qui est ouverte et qui accepte l'expansion d'aujourd'hui comme une magnifique nouvelle norme. La personne pour qui cette expansion envisagée et désirée est déjà là maintenant. Demandez-lui de vous montrer et de vous dire quelles sont les anciennes habitudes ou manières d'être que vous êtes prêt.e à lâcher maintenant pour pouvoir entrer dans votre nouvelle réalité.

Je me suis imaginée à la place de l'auteure, éditrice, et investisseuse qui est déjà là où elle veut être et j'ai trié les habitudes que j'étais prête à lâcher. Et bien sûr, il y en a que j'ai mis plus de temps à lâcher. L'important, c'est de respecter votre rythme et d'être doux avec vous-même.

- Faites la liste des anciennes manières d'être qui vous ont bien servi. Toujours dans l'état d'être de la personne idéale que vous voulez être. Notez dans votre journal les anciennes manières d'être que vous vous sentez appelé.e à libérer et à bénir.
- Lâchez ces anciennes manières d'être. Soit, vous jetez votre liste, soit vous la déchirez en tous petits morceaux que vous brûlez dans un bol. C'est une pratique très symbolique et très puissante.

Nous avons vu que pour vous honorer vous-même et l'inconfort dans lequel vous êtes tout en poursuivant votre nouveau chemin, vous voulez d'abord prendre soin de vous et en faire une pratique, vous offrir des pauses sacrées, rester dans le nouvel espace vibratoire que vous êtes en train de créer, rester concentré sur ce que vous êtes en train de créer, bénir et lâcher ce qui vous a bien servi. Voici la dernière étape :

6. Choisissez consciemment la nouvelle expérience que vous voulez bénir.

En ce moment, vous vous sentez triste et mal, mais vous n'avez pas à rester dans cet état. Vous n'avez pas non plus à choisir entre être triste et être joyeux. La dualité dans nos émotions est normale. Vous pouvez ressentir une forme de tristesse ou de chagrin et en même temps, vous sentir totalement enthousiaste face à vos nouvelles créations. C'est exactement ce que j'ai vécu pendant ces années. J'éprouvais à la fois une lourdeur sur le cœur de savoir que j'allais devoir lâcher certaines choses qui me tenaient à cœur, et en même temps, l'exaltation de savoir que quelque chose de nouveau était en train de se mettre en place, même si je ne voyais pas encore la forme que cela allait prendre.

Nous connaissons plusieurs émotions simultanément, tout le temps. A nous de choisir quelle émotion nous voulons nourrir. Ressentez les émotions qui sont là pour vous. Prenez un engagement clair de ne pas rester au niveau des émotions qui vous tirent vers le bas. Ne restez pas dans les émotions familières et connues, si vous avez l'habitude de vous mettre en colère ou de vous sentir triste. Non, choisissez l'état émotionnel dans lequel vous souhaitez vibrer le plus souvent ici et maintenant.

Demandez-vous : *Maintenant que je suis la personne que je veux être dans mon nouveau désir réalisé, quel est l'état émotionnel que je veux vibrer le plus souvent possible ?*
Pour moi, c'est l'extase créatrice, de laquelle découlent la joie et la liberté.

Ensuite, posez-vous cette question : *Comment est-ce que je peux choisir d'y entrer et d'y rester là maintenant ?*

Peut-être que vous vous sentirez inspiré.e à mettre des rituels en place, à installer de nouvelles habitudes et de nouveaux comportements, ou à rejoindre une communauté de personnes qui ont ce même objectif.

Créer exactement ce que vous désirez dans la vie et dans votre activité ou votre emploi est un voyage. C'est un voyage de développement spirituel. Et comme tout voyage, il a ses hauts et ses bas. Il a ses collines et ses vallées. Le but n'est pas de repousser ou de renier les sentiments négatifs, mais plutôt d'embrasser tous vos sentiments pour pouvoir vous sentir en paix pendant ce voyage, qui peut parfois être ardu ou sauvage mais qui est également très agréable.

Rappelez-vous, dans ces moments où vous vous sentez triste et en même temps exalté.e face aux nouvelles possibilités : vous avez la 'gueule de bois de l'expansion'. Donnez-vous les moyens de la traverser en suivant les six étapes que je vous ai proposées. Offrez-vous de traverser ce passage en douceur. Vous quittez une rive pour aller vers une autre rive. Apprenez à maîtriser le passage entre ces deux rives. En effet, vous allez revivre ces transitions de façon cyclique.

Comme je vous l'ai dit tout au long de ces pages, le monde a besoin de leaders souverain.es qui montrent de nouvelles voies : la voie de la bienveillance, la voie du pouvoir personnel dans le bon sens du terme, la voie de l'alignement, la voie de la joie, la voie de l'aisance, la voie de l'abondance.

Si vous lisez ces pages, c'est que vous vous sentez appelé à être cette personne. Dès lors, suivez votre voie. Suivez l'appel de votre âme et utilisez l'ensemble de ces chapitres pour continuer à pratiquer les qualités d'abondance des Maîtres Créateurs.

Oui, vous grandissez.

Et oui, il se peut que vous vous sentiez mal.
Cela fait partie du processus de transformation.

Personnellement, je continue à vous percevoir et à vous visualiser comme des personnes puissantes, libres, généreuses, brillantes et solides. Restez en contact. Vous savez où me trouver. N'hésitez pas à m'envoyer vos réflexions et vos prises de conscience. Je suis toujours très heureuse de vous lire.

Que la joie et l'abondance vous accompagnent tous et toutes.

12 - MES ACTIONS INSPIREES
DOUZIEME MOIS

J'ai tout le temps du monde.

- Créer exactement ce que vous désirez dans la vie et dans votre activité ou votre emploi est un voyage de développement spirituel.
- Accueillez toutes vos émotions pour pouvoir vous sentir en paix pendant ce voyage.
- Donnez-vous les moyens de traverser la 'crise de l'expansion' en douceur.
- Apprenez à maîtriser le passage entre ses deux rives.
- Choisissez d'être un.e leader souverain.e qui montre la voie de la bienveillance, du pouvoir personnel, de l'alignement, de la joie, de l'aisance et de l'abondance.
- Suivez l'appel de votre âme.
- Pratiquez les qualités d'abondance du leader souverain.e.
- Sachez que vous êtes une personne puissante, libre, généreuse, brillante et solide !

VENEZ TÉLÉCHARGER VOTRE BONUS

Visitez la page qui vous est exclusivement réservée à vous, chers lectrices et lecteurs de ce livre :
https://aficea.com/abondanceensamusant
Téléchargez les 6 Jeux de Manifestation de l'Abondance, qui vous permettent de Jouer avec votre Allié, l'Argent, et de vous Installer dans le Flux de l'Abondance !

S'INSTALLER DANS LE FLUX
DE L'ABONDANCE ILLIMITEE

Avez-vous remarqué le nombre de fausses croyances que nous entretenons autour de la notion d'accumulation, et dès lors de plus grande richesse ?

Vous avez certainement déjà vécu ce moment où, après avoir vécu de beaux succès et reçus de belles rentrées, vous replongez dans un vide, sidéral parfois, qui vous fait peur. Et vous vous dites : **Cela avait si bien fonctionné jusqu'ici, pourquoi rien ne va plus** ?

A ce stade, il est crucial de garder la foi et d'entretenir la confiance que si vous avez traversé ceci une fois, vous pouvez le revivre. Par ailleurs, voyez si une croyance recrée inconsciemment votre schéma de peur – peur de réussir, par exemple, ou peur de gagner plus - *"mais qu'est-ce que je vais faire avec tout cet argent qui arrive ?"*. Regardez également vos croyances et vos émotions face aux 'dus', tels que les impôts, la fiscalité, et leurs administrations.

En effet, votre relation à l'argent, si elle n'est pas paisible, peut faire en sorte que, alors même que vous avez mis en place des moyens et des stratégies pour offrir plus de valeur à autrui et au monde, cela ne donne pas les résultats espérés. C'est le bon moment pour observer les croyances qui surgissent à ce stade. Ensuite, amusez-vous à les modifier.

Si vous expérimentez en ce moment des 'montagnes russes émotionnelles' alors que vous avez quitté une spire pour en atteindre une plus élevée, observez d'abord la situation : *« Comme c'est fascinant ! Je dois entretenir une croyance liée à la notion de réussite, ou à la peur de réussir, à la peur de voir beaucoup d'argent m'arriver. Cette anticipation me sort de ma zone de confort, et dès lors mon mental me ramène dans le familier et le connu qui ne me permet d'attirer que de petits montants »*.

Voilà ce qui crée le malaise, ce décalage entre la partie divine en vous qui sait que vous êtes capable d'attirer et de manifester plus, et le mental, qui préfère vous maintenir dans votre petitesse rassurante.

J'aime croire, et je l'observe de plus en plus chaque année, que l'humanité est en train de faire un saut vers un niveau supérieur d'abondance, et un niveau supérieur de conscience de l'abondance. Et cela fait peur à la partie instinctive en nous qui préférerait que nous restions dans notre grotte, là où nous sommes en sécurité. C'est plus rassurant, même si c'est devenu peu confortable.

Dans les pages de ce livre, je vous propose des exercices et des jeux dans le but de lancer et installer un nouveau mouvement d'accueil de l'abondance et de création de la surabondance. Pour ce faire, dites-vous régulièrement : « ***Je suis très satisfait.e de ce que j'ai obtenu et réussi jusqu'ici ET je veux plus.*** » Telle est l'attitude de l'abondance.

Ce n'est pas : *je veux plus, parce que j'ai peur de ne pas pouvoir payer mes factures…*

C'est : *je veux plus, parce que cela me permet de servir plus de personnes, de contribuer à élever le niveau de conscience de l'abondance de la planète et de soutenir l'ouverture à l'abondance de toutes les personnes que j'approche.*

De semaines en semaines, au fil des exercices proposés ici, vous vous êtes donné l'occasion de transformer de plus en plus de fausses croyances, pas seulement pour votre bien-être, mais pour celui de l'humanité tout entière. Vos pensées et actions impactent celles de toutes et tous sur cette Terre. Nous sommes tous reliés.

Si vous lisez ces pages, vous êtes une pionnière ou un pionner de ces concepts et actions, un modèle à suivre pour autrui. Continuez à vous faire confiance, et soyez votre plus grand.e fan.

Dans ce chapitre, j'aimerais vous inspirer à **aimer voir l'argent rentrer** en petite ou grande quantité sur vos comptes et dans votre expérience de vie. Vous voulez savourer ces moments de belles rentrées. Prenez le temps de les célébrer.

L'argent étant la monnaie de l'âme[18], toutes vos croyances limitées par rapport à l'argent constituent de la fausse monnaie que vous emportez avec vous partout où vous allez. Ensemble, nous allons créer et maintenir un 'flux exubérant' - j'adore ce mot - d'argent et d'abondance. Un flux surabondant de vie et de vitalité.

Mon intention pour ce faire, c'est de vous aider à utiliser la loi de la circulation, de manière à vous installer dans le flux puissant de l'abondance constante. Vous vivrez toujours des hauts et des bas – ce sont les cycles de la vie et de la nature - mais vous ne voulez pas que les bas soient des plongeons. Vous ne voulez pas entrer dans de grosses angoisses à cause des bas. Nous allons voir comment 'lisser' ces hauts et ces bas, pour que vous puissiez vous installer dans un sentiment de sérénité financière.

A mon sens, **l'abondance, la liberté et l'indépendance ultime en matière d'argent, c'est la sérénité financière.** En effet, qui dit sérénité financière, dit que vous maîtrisez vos réactions face à l'argent et que vous avez apaisé votre relation à l'argent. Vous avez compris que lorsque vous cherchez la perle derrière le contraste financier, vous pouvez rapidement relancer une nouvelle intention, sans plonger dans le contraste. Et vous avez appris à savourer l'argent qui est déjà là, même en petite quantité. Vous avez compris que les crises de conscience précèdent les prises de conscience.

---

[18] Lire le chapitre 2 – La Monnaie de l'Âme – du livre Faites la Paix avec l'Argent - Créez plus d'amour et recevez plus d'argent, p.33.

La recette pour augmenter votre richesse

Et vous avez compris comment augmenter votre richesse spirituelle et matérielle, en créant une synergie entre votre intention, votre focalisation, l'utilisation de vos qualités d'abondance, et de l'élément qui démultiplie la richesse : l'Amour.

L'intention, c'est une pensée spécifique liée à un but désiré - une pensée dirigée - que vous lancez.

La focalisation, c'est une forme d'attention très concentrée. C'est concentrer le projecteur de votre intention sur votre but, tel un laser.

Vos qualités d'abondance sont par exemple l'ouverture aux nouvelles opportunités, la constance, la régularité, la foi en vous-mêmes, la clarté. Vous choisissez les qualités que vous voulez amplifier pour manifester plus de richesse.

Ces trois éléments - intention, focalisation et qualités d'abondance, correspondent à votre capital humain, à votre personnalité unique. Si vous n'utilisez que ces trois éléments pour manifester, vous pouvez réussir à atteindre votre but, et obtenir les résultats que vous recherchez.

Cependant, si vous y ajoutez l'ingrédient de la Source, l'Amour, cela fera toute la différence. Vous obtiendrez votre intention, avec beaucoup plus d'aisance, de facilité, de joie et de plaisir. Car, si vous utilisez uniquement votre 'humanité' pour manifester, vous n'activez qu'un à dix pour cent de vos possibilités de manifestation. L'élément Amour a un effet exponentiel. Il vous ouvre aux quatre-vingt-dix-neuf pour cent de la Force de Vie qui agit dans l'invisible. Si vous ajoutez l'Amour à la manifestation, vous entrez et vous restez dans le Flux.

Dès lors, lorsque vous avez l'impression d'avoir accompli beaucoup de tâches logiques, ou mis en place des stratégies rationnelles, et que cela ne donne rien ou peu de résultats, c'est qu'il manque la dimension Amour dans votre processus. Temporairement, vous vous êtes déconnecté.e de cette vibration d'amour. L'étape logique suivante pour vous, c'est de vous reconnecter à la fréquence Divine.

Cette reconnexion découle d'abord de l'amour de soi : aimez-vous d'avantage. Prenez du temps pour vous. Dites-vous 'Je t'aime'. Montrez-vous que vous vous aimez – offrez-vous une boisson que vous aimez, mangez quelque chose que vous adorez, offrez-vous un moment de calme dans la nature, faites une activité que vous aimez. Ensuite, observez où est l'amour dans vos relations avec les autres : avec vos proches, votre partenaire, vos clients, vos collègues, vos fournisseurs. Et aussi, dans votre relation à votre activité : où est la dimension Amour et où n'est-elle pas, dans votre marketing, dans vos cours, dans votre relation à l'argent. Peut-être êtes-vous trop focalisé.e sur autre chose que l'amour ?

En auscultant votre vie de cette façon, vous verrez tout de suite ce que vous ne pouviez pas voir tant que vous n'aviez pas replacé vos lunettes d'amour sur votre nez. Tout à coup, vous voyez le pas suivant à faire. Car grâce à la loi de la circulation, l'amour que nous vibrons poursuit sa route et impacte tout ce, et tous ceux, que nous approchons. L'amour circule pour le meilleur. Or, la loi de l'attraction nous permet, lorsque nous émettons une vibration, d'attirer une vibration similaire. Dès lors, plus vous voulez attirer une vibration élevée, plus vous avez intérêt à vibrer haut. Vibrer l'Amour est la clé de l'attraction de la surabondance.

Si votre désir est d'attirer un entourage (clients, mentors, amis, partenaire) d'un niveau vibratoire élevé, et par conséquent d'un niveau de conscience d'abondance élevé, vous voulez d'abord vibrer cette énergie vous-même, pour que la circulation puisse se produire au mieux. Et cela ne demande pas beaucoup de temps. Vous lancez juste une intention sur laquelle vous vous focalisez, tout en développant des qualités d'abondance que vous choisissez, tout cela dans une vibration d'amour démultiplié.

JEU D'ABONDANCE

Cette semaine, amusez-vous à **ressentir où le flux de l'amour est coincé** dans votre vie et votre emploi ou votre activité, et bien entendu, dans votre relation à l'argent. En prendre conscience est la première étape de la transformation.

La deuxième étape consiste à décider de **relancer la circulation de l'amour** pour vibrer plus haut, être plus magnétique et ainsi, plus réceptif. Tournez le commutateur du niveau d'amour que vous diffusez. Imaginez que la partie humaine de l'équation (intention, focalisation, qualités d'abondance), c'est votre corps physique, qui comporte un bouton au niveau de votre cœur. Tournez ce bouton pour intensifier votre vibration d'amour. Très vite, vous verrez votre abondance augmenter.

Souvent le manque de fluidité dans l'abondance se marque par la fatigue, une forme d'inertie, voire d'aphasie, un manque de concentration chronique. Votre corps vous donne des repères. Votre corps vous indique également où est l'illusion pour vous, l'illusion du manque d'amour de vous-même qui vous fait dire à longueur de journée : *'Mais qu'est-ce que je suis fatigué.e. Je n'ai pas arrêté de travailler, et pourtant je n'ai aucun résultat. Rien de rien'.* - c'est ce que j'appelle l'illusion du Tout ou Rien. N'avoir aucun résultat n'est pas possible. C'est le mental qui vous fait croire cela. Ou, vous vous entendez dire juste avant une conversation difficile ou une consultation : *Comme je me sens nul.le. Je ne suis pas capable.* Tel est le langage de la partie de vous qui est dans la peur, celle qui n'est pas connectée à l'Amour.

La partie connectée à l'amour divin sait que vous êtes capable, et qu'au moment de l'échange vous serez inspiré.e des bons mots, vous serez inspiré.e du bon outil et de la bonne manière de l'utiliser, votre manière unique. Cette partie de vous peut également vous inspirer à être vrai.e et à avouer *'J'ai vraiment envie de le faire. J'ai un peu le trac, mais je choisis de me lancer. Je saute à l'eau'.*

Être transparent et authentique, c'est ce que l'Amour en vous

vous inspire toujours. Et la personne en face de vous va se dire *Ouah ! Je suis face à une personne vraie. J'ai confiance en elle. Cette personne est comme moi. Elle est humaine ; elle n'a pas peur de dire ce qu'elle ressent.* Cette personne va s'identifier à vous et va s'ouvrir plus facilement, que si vous essayez de jouer un rôle.

Voici quatre repères qui vous permettent de prendre conscience que l'amour ne circule plus dans votre vie.

1. Lorsque vous manquez de confiance face à la vie

Face aux événements qui se produisent dans le monde à tout moment, et certainement ces dernières années, nous pourrions tous vivre une 'crise de foi' et avoir des difficultés à faire confiance à la vie.

Si vous n'avez plus foi en rien, la solution c'est de vous donner de l'amour. Donnez-vous l'amour dont vous avez besoin pour retrouver confiance. Quels sont des symboles d'amour pour vous ? Personnellement, lorsque je sens que je manque d'amour pour moi-même, j'aime m'offrir un bouquet de roses rouges. J'adore l'odeur des roses, et la couleur rouge me permet de mieux ressentir et exprimer l'amour. Votre symbole est peut-être un film qui vous fait rire, ou un bon bain chaud. Trouvez la solution aisée, rapide et simple, pour vous redonner l'amour qui vous manque et refaire confiance à la vie.

2. Lorsque vous n'arrêtez pas de dire *'Je n'arrive pas à trouver un.e partenaire qui me convient,* ou *'Rien ne va dans mes relations'*

Une partie de vous est affamée d'amour et observe trop le manque et l'absence d'amour. Elle vous indique que vous vous êtes déconnecté.e de votre propre sentiment d'amour vis-à-vis de vous-même, et que vous envisagez l'amour négativement.

Trouvez le moyen de tourner le commutateur vers bien plus d'amour. Où l'amour est-il clairement présent dans votre vie ? Où voyez-vous une abondance d'amour dans votre vie ? La Nature est un magnifique foyer d'abondance d'amour, et elle est ouverte et accessible à chacun.e à tout moment.

3. Lorsque vous avez du mal à donner et à exprimer votre amour

Ceci indique que votre mental est trop actif et qu'il a tendance à vous tirer vers le bas. Vous suspectez les autres, ou vous interprétez ce qu'ils disent en votre défaveur. Vous n'arrivez plus à donner librement. Vous mettez des conditions, vous calculez, vous comparez, vous revendiquez. C'est un signe typique de manque d'amour de soi, que je vis chroniquement dans ma relation à mes enfants et mon mari. Dès que je vois que je recommence à comparer ce que je donne et ce que me donne l'autre, je sais que mon mental a repris le dessus. Je sais alors que j'ai besoin de prendre du temps pour moi, et que comme je ne me l'accorde pas, je rejette ma frustration sur l'autre.

Voyez comment vous pourriez vous donner plus d'amour à vous-même, sans conditions. Cela signifie sans vous juger. Sortez vous promener, sans laisser le mental vous culpabiliser de ne 'rien faire'. Cultivez un esprit serein pendant toute la durée de votre pause. Retombez 'en amour' de vous-même.

4. Lorsque vous avez du mal à recevoir

Par exemple, lorsque quelqu'un vous fait un compliment, une accolade, ou vous dit quelque chose de gentil, et que vous vous entendez dire *'De rien'* ou *'Il ne fallait pas'* ou *'Ce n'est pas grand-chose'* ou encore *'Je n'ai rien fait'*. Inconsciemment, vous minimisez l'amour de la personne ou vous le 'repoussez' vers la personne. Souvent, c'est un problème de mérite et d'amour propre.

Ces jours-ci, observez votre vie et votre activité pour repérer où vous êtes en 'manque d'amour'. Ressentez-vous un manque de confiance par rapport à vos capacités dans votre profession, ou dans l'attraction d'argent ou de clients idéaux ? Où êtes-vous affamé.e d'amour au point de ne plus vous focaliser que sur le négatif de la situation ? Où n'arrivez-vous plus à donner ? Et dans quels domaines de votre vie n'arrivez-vous pas à recevoir ?

Permettez à cette énergie d'amour de circuler à nouveau et élevez votre vibration. Ainsi, vous recréez un flux régulier et constant de douces ondulations d'amour, à partir de ce niveau de conscience plus élevé.

Voici cinq clefs pour créer un flux exubérant d'amour et d'abondance, et vous y maintenir

1. Prenez conscience du flux d'énergie qui circule autour de vous et à travers vous.

Vous êtes un instrument d'expression. Vous êtes un véhicule qui permet à l'univers de s'exprimer à travers vous. C'est une magnifique tâche. Aussi, vous voulez vous rendre compte de la réalité du flux de cette énergie à travers vous. Les adeptes du Reiki le sentent. Lorsque je médite, je le sens. Et je m'amuse à visualiser cette circulation du flux de l'énergie en moi, que je peux ensuite redistribuer à travers mes mains et chaque cellule de mon corps.

J'aime me frotter les mains tous les matins ou dès que je me sens déconnecté.e. Frottez-vous les mains et ressentez l'énergie activée là dans vos mains. Reconnaissez-la : *Ouah ! C'est vrai que je suis un véhicule de l'énergie universelle.*

Ainsi, dès le matin, vous vous positionnez différemment que si vous regardiez votre liste de chose à faire intellectuellement, en tant que petit être humain limité. En vous reconnectant à l'énergie divine dès le matin, vous vous percevez comme Divin.e avant même de commencer votre journée. Je vous recommande ensuite de faire une pause de quelques minutes toutes les heures, pour prendre conscience de la façon dont l'énergie circule à travers vous. Observez également comment elle circule dans votre vie, au niveau du trafic par exemple, ou de la fluidité dans l'écoulement des activités de votre journée.

Hier, c'était assez amusant. Nous sommes allés chercher la correspondante américaine de ma cadette, qui venait passer trois mois chez nous dans le cadre de leur programme d'échange linguistique. Déviation sur la route. Nous nous perdons en chemin alors que nous devions être à l'aéroport à une certaine heure. J'observais cela avec distance, car je me sentais dans le flux. Le stress augmente dans la voiture, aussi, je décide de me réaligner en me disant qu'il y a une raison à tout, et que nous arriverions à temps. Je me vois accueillir la jeune fille. Arrivés à l'aéroport à temps, tout se passe bien. Nous l'accueillons et revenons à la voiture une fois les premières embrassades terminées. En chemin, du fait de travaux sur notre parcours à pied, mon mari trébuche sur une bordure, chute et perd son portable sans s'en rendre compte. Arrivé à la voiture, il s'en rend compte et part avec ma fille à la recherche du portable. Nouveau stress. Je reste zen, et observe tout cela à distance : *Tiens, c'est amusant ! Il y a clairement un problème de fluidité dans l'énergie familiale.* Et je décide de me recentrer sur l'aisance et la fluidité en me disant *Tout problème arrive avec sa solution.* Quelques minutes plus tard, ma fille revient vers nous radieuse car la personne qui a trouvé le portable de mon mari avait appelé son dernier contact et c'était elle. Nous avons pu récupérer le portable rapidement.

L'outil d'observation de la fluidité de l'énergie dans votre vie, et le fait de vous frotter les mains en déclarant *C'est fascinant ! C'est moi qui ai créé ce contraste. La solution est déjà là. Amusons-nous à la recevoir*, c'est magique. Nous avions vécu des déviations continues jusqu'à la résolution de la situation. Sur le chemin du retour, nous avons continué à harmoniser l'énergie en nous rappelant qu'un ange était venu nous rapporter le téléphone. Nous nous sommes reliés à cette énergie angélique en nous disant *Wow, quelle journée magnifique !* Et à partir de là, la fluidité s'est réinstallée.

Observez ce qui se passe lorsque vous êtes au volant, ou dans votre bureau. Est-ce que vous trouvez aisément ce que vous cherchez - les chiffres, les informations, les numéros de téléphone de vos nouveaux clients ? Remarquez les moments où vous vous sentez plein de vie ou de vitalité (souvent lorsque vous 'servez' ou 'aidez' quelqu'un) et les moments où vous perdez de l'énergie (lors d'un travail intellectuel souvent, où le mental reprend les commandes parce que logique et raison sont requis). Observez également où vous avez tendance à vouloir forcer la manifestation et 'faire' en sorte que les choses se produisent, plutôt que de laisser la Source les révéler pour vous.

Bien sûr que vous voulez pouvoir agir et exécuter des tâches. Mais vous n'opérez pas uniquement à ce niveau intellectuel. J'aime dire que pour équilibrer le matériel et le spirituel, il est important de rester en mouvement. En effet, l'être humain aime et a besoin d'actions et d'activités. Sachez simplement que parallèlement à ces actions pratiques, quatre-vingt-dix-neuf pour cent de la manifestation réelle se produit dans l'invisible. Dès lors, soyez en mouvement tout en étant dans le lâcher-prise. Vous n'agissez pas pour obtenir des résultats. Vous agissez parce que cela vous fait du bien. L'action vous revitalise. Elle vous apporte de la joie. Mais rappelez-vous que l'essentiel de la manifestation est effectué par des agents invisibles qui œuvrent pour vous.

2. Eliminez tous les obstacles au flux d'abondance

Veillez à créer le moins d'obstacles possibles dans votre vie et dans votre activité. Simplifiez votre vie. Simplifiez vos journées. Simplifiez vos systèmes. N'exécutez pas plusieurs tâches en même temps. Cesser le 'multitasking' fut difficile pour moi, car lorsque je travaillais comme assistante de direction, j'ai dû apprendre à exécuter trois à quatre tâches en même temps. Je me sentais comme ces déesses indiennes qui ont une multitude de bras. Cependant, si vous êtes tout le temps occupé.e à Faire, ou que vous effectuez plusieurs choses dans une vibration de stress, vous entravez le flux du bien-être et de la fluidité dans votre vie.

Focalisez-vous sur une seule tâche à la fois. Recherchez les signes de manque de fluidité ou de 'blocage' de l'énergie. Lorsque vous vous sentez coincé.e dans vos relations avec une administration, face à des contrats, à l'argent ou dans une relation, regardez où l'énergie pourrait être coincée dans votre espace ou votre environnement. Cartons, vêtements ou objets traînent-ils par terre ? Votre hall d'entrée ou vos lieux de passage (corridor, sortie de garage) sont-ils encombrés ? Votre voiture est-elle propre, nette et en ordre ? Vos finances, dettes, documents financiers, tout cela est-il en ordre ? Vous voulez prendre le temps de veiller à ce que tous vos canaux de circulation de l'énergie soient bien dégagés.

Regardez aussi au niveau de vos engagements. Avez-vous fait des promesses que vous ne tenez pas, ou que vous n'avez pas fini de tenir ? Le but n'est pas de vous culpabiliser, mais d'en prendre conscience pour pouvoir récupérer votre pouvoir de choisir et de décider *de* fonctionner autrement. Vous entretenez peut- être de la rancune, des rancœurs ou des non-dits vis-à-vis de certaines personnes. Tout récemment, j'ai apaisé une relation qui était minée depuis un an et demi, et cela m'a apporté une joie immense et un sentiment de soulagement intense. Je suis certaine qu'une avalanche de choses va découler de la nouvelle circulation de l'énergie dans cette relation.

Créez un environnement porteur. Entourez- vous de livres, de films, de vidéos et d'audios qui vous soutiennent. Examinez vos fréquentations. Et les histoires que vous vous racontez. Par exemple, dans votre relation à l'abondance et à l'argent, quelles histoires vous racontez-vous ? Vous plaignez-vous toujours des mêmes histoires du passé ? Pensez-vous davantage aux montants que vous n'arrivez pas à attirer, aux sauts que vous n'osez pas réaliser, ou aux refus que vous recevez ? Ou focalisez-vous sur l'argent qui est rentré, les sauts que vous avez réussis et les Oui que vous accumulez ? Parlez-vous de votre nouvelle histoire désirée, ou perdez-vous du temps à vous rappeler constamment l'ancienne histoire que vous voulez lâcher ?

Vous avez toujours le choix. Utilisez votre imagination pour modifier l'histoire et écrire le script de votre nouvelle vie.

3. Soyez plus dans l'amour

Vous voulez être plus aimant dans les deux sens du terme :

plus affectueux, et plus aimable. Aimable, à mon sens veut dire 'connecté au flux'. Vous savez comment ancrer cette 'amabilité' dans vos croyances, face à vos peurs et aux pensées négatives. Je vous recommande de choisir un mot ou un outil laser pour très vite les transformer dès que vous en prenez conscience. En effet, étant donné que nos pensées défilent trop vite dans notre esprit (nous en entretenons environ soixante milles par jour, dont la majorité est constituée de pensées négatives chez la plupart des gens), nous n'avons pas beaucoup de temps pour les désamorcer.

Ce que je fais personnellement, dès que je perçois une pensée qui génère une émotion qui ne m'aide pas, c'est de lui dire Stop, et je fais le geste d'arrêter la pensée. Stop. Ensuite, je m'arrête et je me demande quelle pensée plus 'aimante' ou 'aimable' je préfèrerais entretenir à la place. Cela fonctionne bien pour moi. A vous de voir ce que vous auriez envie de mettre en place comme geste par exemple. En effet, plus vous ancrez ce Stop dans vos cellules physiques, plus cela aura d'impact dans la reformulation consciente d'affirmations positives.

Voyez également si vous êtes respectueux dans votre vie et votre activité ou votre emploi. Respectez-vous vous-même d'abord – le respect de soi illustre l'amour propre que vous vous donnez. Laissez rayonner l'amour, ainsi vous l'incarnerez et vous attirerez des personnes 'aimantes' également. Si vous êtes amoureux de vous-même et que vous vibrez cet amour, vous attirerez à vous des personnes amoureuses d'elles-mêmes, et la relation sera bien plus 'aimante'. Et surtout, valorisez l'amour comme une ressource durable. Trouvez une forme de constance dans l'expression de votre amour, afin d'entretenir des relations précieuses.

4. Lancez une intention d'abondance, et concentrez-vous sur elle

Vous vous enrichissez matériellement et spirituellement dès lors que vous en lancez l'intention. C'est ce que je vous invite à faire dès le matin : lancez votre intention pour la journée. Suivez mon exemple lors de cette journée familiale où nous étions constamment 'déviés' de notre route : j'ai lancé une nouvelle intention à chaque étape stressante, pour retrouver le cap de la sérénité que je voulais vibrer. Ensuite, amplifiez votre focalisation et vos qualités d'abondance, puis rajoutez l'énergie de l'amour qui démultiplie de façon exponentielle vos actions humaines. C'est ainsi que vous vous maintenez dans le flux et que vous l'intensifiez.

Jeu d'Abondance

Dans le cadre de ce chapitre, je vous propose de lancer une intention de développer une certaine qualité dans le cadre d'une tâche que vous effectuez. Personnellement, je ne parle plus de 'liste de choses à Faire'. Je préfère parler de 'liste de choses à Être'. Tout à l'heure, j'ai prévu de rédiger un nouvel article, en développant la qualité d'abondance de la 'créativité'. Demain, ce sera peut-être celle de l'ingéniosité, de l'imagination ou de la vente. Je choisi la qualité que je veux vibrer et amplifier pendant la tâche. Cette perspective me donne bien plus envie de me mettre à écrire que de simplement me dire 'Je dois rédiger un article'. En me focalisant sur la qualité que je veux développer, je vais me dire *'Génial, voilà l'occasion de m'ouvrir au nouveau et de recevoir de nouvelles inspirations, d'être plus créatives, par exemple, en rédigeant un nouvel article sur ce nouveau thème lié aux nouveaux concepts que j'aimerais transmettre.'*

5. Demeurez dans le flux de l'abondance à chaque seconde

Afin que ce flux devienne votre nouvel environnement naturel.

-   Pensez toujours à 'servir. Que nous soyons employés, cadres, entrepreneurs ou investisseurs, nous sommes toutes et tous focalisés sur l'abondance et l'argent parce que nous sommes avant tout des créateurs et des 'entrepreneurs' et que nous voulons pouvoir bien vivre en partageant notre passion. L'argent fait (encore) partie des moyens d'échange dans notre société - jusqu'au moment où il ne sera plus nécessaire (c'est ma vision). Aussi, demeurons focalisés avant tout sur le service que nous nous rendons les uns aux autres à travers le partage de nos passions. Et l'abondance en découlera.

- Aimez-vous, sans trop vous focaliser sur votre petit moi. Donnez-vous cet amour parce qu'ainsi arrivera un moment où vous serez tellement comblé.e que ce 'vase' que vous formez va pouvoir déborder sur les personnes qui vous approchent. Vous vous êtes auto-comblé.e d'amour, et le surplus vous le déversez sur autrui.

- Ouvrez-vous au mystère. Lancez une intention claire sur le résultat que vous voulez obtenir et parallèlement, restez curieux.se. Comportez-vous tels les aventuriers d'antan, qui s'avançaient en terrain inconnu, à la fois craintifs et excités face aux nouveaux horizons à explorer. Vos intentions claires et chiffrées d'atteindre de nouveaux sommets financiers, d'obtenir de nouvelles informations précieuses ou de découvrir de nouvelles innovations, sont couplées à la souplesse et à l'abandon au flux de la vie, ainsi qu'à l'émerveillement face au mystère à découvrir.

- Choisissez des pratiques spirituelles qui vous aident à demeurer dans l'état naturel du flux, et à davantage ressentir l'énergie spirituelle qui s'écoule à travers vous.

Tout est déjà là

Dans le jeu de l'attraction, je vous conseille souvent de visualiser que ce que vous désirez est déjà là. Lorsque vous vous autorisez à entrer dans le flux de l'abondance, et encore davantage lorsque vous vous permettez de vibrer la surabondance, vous en arrivez à ressentir à quel point il est vrai que Tout est déjà là. Et l'Amour est déjà là. Il est toujours là, à votre disposition. Mais souvent le mental crée un manque d'amour pour l'ancien. Un manque d'appréciation de ce que nous voulons lâcher, qui ne nous aide pas à ressentir l'amour nécessaire pour contribuer à manifester le nouveau de manière fluide.

Une cliente m'a partagé une anecdote qui illustre très bien ceci. Elle faisait une comparaison entre son stylo banal et celui d'une grande marque qu'elle admire. *'J'étais dans l'amour, et le plaisir d'écrire avec mon nouveau stylo de marque. Mais si on me demandait : est-ce que tu aimes ton stylo banal ici, la réponse était non. Et pourtant les deux m'aident à écrire. Alors pourquoi est-ce que je ne peux pas juste aimer le fait d'écrire avec ce stylo banal ?'*

Joe Vitale[19] explique bien que l'attitude de l'abondance consiste à 'être satisfait.e de ce qui est déjà là ET vouloir plus'. Or, tant que vous n'êtes pas satisfait.e, ou tant que vous n'êtes pas dans l'amour et l'appréciation de ce qui est là, 'vouloir plus' va vous amener à vous focaliser davantage sur l'absence du plus désiré, et non pas sur l'amour suscité par ce 'plus' que vous créez par votre intention aimante.

Lorsque vous visualisez ce que vous désirez, vous ressentez l'énergie d'amour indispensable à sa manifestation aisée. Et si cette énergie d'amour et de bien-être, vous la faisiez exister dès aujourd'hui ici et maintenant, dans toutes les activités de votre vie ?

D'où l'importance de vous créer des ancrages pour retrouver cet état de bien-être. Cet ancrage peut être une image visuelle, par exemple, des rayons du soleil qui rayonnent de votre cœur. J'aime l'image de mon corps constitué de myriades de cellules lumineuses qui rayonnent de bonheur (en forme de smiley). Cette image, je la recontacte systématiquement lorsque je me sens désa-

---

[19] **Joseph Vitale** est un enseignant spirituel surtout connu pour son apparition dans le film The Secret, et l'auteur du film The Attractor Factor et Zero Limits. Autrefois sans domicile dans les rues de Dallas, Joe a appris la métaphysique et la pensée positive qui l'ont amené à commencer à utiliser la loi de l'attraction pour progresser.

lignée. J'effectue trois profondes respirations et je me laisse ressentir cette image. Et mon énergie remonte très vite. Cela peut se produire en quelques secondes, ou quelques minutes. J'en fais l'expérience tous les jours. Pour magnifier encore cela, j'ai accroché dans mon bureau une peinture qui représente cela. Elle me stimule chaque matin et me permet de contacter cette énergie chaque fois que j'en ai besoin.

Trouvez-vous une image symbolique puissante, un mouvement (Yes !) ou un geste que vous pouvez ramener à votre conscience instantanément. Des contrastes qui pouvait auparavant me mettre en difficulté pendant vingt-quatre ou quarante-huit heures sont transformés en quelques minutes désormais. C'est confortable.

Démultipliez tout par l'amour. L'humanité est en pleine transition. Elle est en train de sauter un fossé. Elle quitte doucement le paradigme du 'Faire basé sur le temps' - ce temps valorisé dans les salaires, les devis et contrats, qui vous rémunèrent en fonction du temps passé. Et là nous accostons sur un autre rivage, une terre encore peu foulée, où c'est l'amour que vous rayonnez dans vos produits et services, et surtout vis-à-vis de vous-même, qui finance vos désirs. Car l'univers vous rémunèrera directement.

Demandez à être engagé directement par l'univers. Spécifiez les clauses de votre contrat spirituel avec son Essence. Plus vous émettez d'amour pour vous-même et autrui, plus l'Univers vous amène abondance d'argent et de clients ou d'opportunités.

Le manque de concentration ou la dispersion

Le manque de concentration, également appelé 'dispersion', fait que vous envoyez un message confus à l'univers. Lorsque vous n'arrivez pas à vous concentrer, ou lorsque vous vous sentez dispersé.e, sachez que vous vibrez trop bas pour laisser la voix de l'amour en vous guider votre chemin. Vous êtes face à un choix et vous pesez le pour et le contre. Vous demandez conseil à des amis, des collègues ou des parents. Et tout cela s'embrouille dans votre esprit parce que vous restez bloqué au niveau du mental et de l'intellect. Vous n'écoutez pas votre cœur. Vous restez dans votre tête.

Décidez de remonter vers la vibration de mieux-être et d'amour. Ancrez votre décision dans l'amour de vous-même. Demandez-vous par exemple *Quelle option va m'apporter le plus de joie* ? J'aime faire le geste de soupeser de mes mains, dans l'espace devant moi - après avoir fermé les yeux pour mieux me relier à mon ressenti – laquelle des deux options qui se présentent à moi dépose le plus de joie dans la balance de mon Être.

Cette question vous permet de remonter sur l'échelle des émotions, de vous sentir mieux, et de lancer une intention concentrée dans le cœur. Nous avons moins besoin de concentration intellectuelle lorsque nous vibrons l'amour. Notre focalisation sur l'amour suffit pour amener les résultats désirés.

Lorsque vous vous sentez dispersé.e, offrez- vous une pause - même si vous avez beaucoup de 'choses à faire'. Et demandez-vous :

-   Où est l'amour que j'ai pour moi ? A quel endroit de mon corps ?
-   Comment est-ce que j'aimerais l'exprimer ?
-   Et sur quoi (sur quelle tâche ou quel projet) est-ce que je voudrais me concentrer maintenant que je vibre cet amour ?

L'humanité vit un moment important. Nous passons d'un mode de fonctionnement très yang et masculin, vers un mode de fonctionnement où le divin féminin vient équilibrer cette ancienne tendance. De plus en plus de personnes dans tous les secteurs n'ont plus envie d'opérer dans la sphère du dur labeur, et s'autorisent – ou sont obligées du fait d'un burn-out, d'une dépression, d'un AVC ou d'une crise cardiaque, voire d'un accident - à ralentir, à lever le pied et à se la couler douce. Nous devons réapprendre à œuvrer dans le flux, à laisser les choses se faire, à développer le 'savoir laisser faire'. C'est une tendance que je remarque de plus en plus auprès des personnes avec qui je discute - autant mes collègues très prospères, que mes clients ou des proches. Ils partagent presque tous un ras-le-bol de tout le temps devoir courir, performer et obtenir des résultats. Il ne s'agit pas d'un manque de concentration, et plus d'un besoin de lâcher la course aux objectifs de performance.

Développez votre vibration d'amour et d'intelligence du cœur. Aidez-vous, vous-même et aussi ces personnes qui se rendent compte qu'elles ont trop couru et qui ont juste envie de se (re)poser. Aidez-les à revenir dans cette vibration d'amour propre, et à se reposer dans cette espace de calme et de paix intérieure, qui est peut-être l'espace le plus stable qui existe dans l'être humain. Lancez de nouvelles intentions sans pression ni désir de performance, des intentions qui viennent du cœur. Tel est le passage que nous traversons et qui engendre cette impression d'être dans la confusion, le manque de concentration et le manque de clarté face à notre désir véritable.

Dès que vous revenez à votre ancrage d'amour, vous élevez votre vibration. Vos idées se clarifient, et le pas suivant se dessine précisément devant vous. Ou vous en recevez l'inspiration. Et vous y allez.

N'attendez plus : installez-vous dans le flux de l'Abondance Illimitée !

GLOSSAIRE TRÈS PERSONNEL

Abondance : *capacité de faire ce que vous voulez faire quand vous voulez le faire, sans vous soucier du coût.*

La poursuite du « rêve américain » de l'abondance financière nous a permis de croire longtemps que nous détenions la seule clé du « bonheur » : l'argent. Nous en avons fait notre priorité absolue en croyant aveuglément en la réussite matérielle. Or, depuis 2008, il semble que l'abondance ait changé de visage. Du « rêve américain », nous en sommes arrivés à expérimenter la signification réelle de l'abondance. Désormais, l'abondance ne se crée plus avec l'argent mais avec le cœur. Cette ouverture du cœur s'accompagne de notre volonté de partager, de rendre service aux autres, de nous rendre réellement utiles, et pas seulement en ayant un boulot pour « gagner notre vie », mais bien en développant une activité qui nous permet de nous accomplir en tant qu'individu conscient et puissant.

Le mot ABONDANCE est un mot créateur et puissant à mon sens, car il renferme de nombreux mots et de nombreuses phrases simultanément. Et il résume une énergie porteuse qui me fait du bien.

Alignement : *décision et processus de recentrage sur son bien-être et sa joie intérieure.*

L'alignement permet de récupérer notre pouvoir, en choisissant consciemment et délibérément de changer notre vibration dominante. Rien de tel pour vivre une journée parfaite.

Désir réalisé : *désir lancé consciemment ou inconsciemment et que la source ou l'Univers nous apporte instantanément. Il est déjà réalisé sur un certain plan vibratoire élevé. À nous de vibrer sur ce plan vibratoire élevé.*

Concentrer notre pensée sur un désir nous permet de lancer un message à l'Univers, qui le reçoit et y répond instantanément. Ce sont les deux premières étapes du processus de création. À la troisième étape, nous décidons de ressentir ce désir jusque dans la moindre de nos cellules et imprimons ainsi notre pensée sur la substance informe qui baigne l'Univers. Cette substance met alors en mouvement les processus de la manifestation visible.

Échelle des émotions : *échelle regroupant toutes les émotions susceptibles d'être éprouvées par l'être humain.*

C'est un outil puissant utilisé pour choisir délibérément la fréquence émotionnelle dans laquelle vous voulez vibrer, afin de devenir totalement indépendant des circonstances et sortir du sentiment de victimisation. Il est décrit en détail dans le chapitre 6 du best-seller *Le Secret de la loi d'attraction*. Vous trouverez également la liste complète des émotions présentée sur le site http://www.loi-d-attraction.com, sous l'onglet « Blog », puis « Idées pratiques ».

Voici l'échelle des émotions telle que suggérée par Abraham-Hicks, par ordre décroissant :

1. Joie/Connaissance/Autonomisation/Liberté/Amour/Appr éciation
2. Passion
3. Enthousiasme/Ardeur/Bonheur
4. Attente positive/Foi
5. Optimisme
6. Espoir
7. Contentement
8. Ennui
9. Pessimisme
10. Frustration/Irritation/Impatience
11. Accablement
12. Déception
13. Doute
14. Souci
15. Blâme
16. Découragement
17. Colère
18. Vengeance
19. Haine/Rage

20. Jalousie
21. Insécurité/Culpabilité/Manque de mérite
22. Peur/Chagrin/Dépression/Désespoir/Impuissance

Des instructions pour vous aider à vous élever sur l'échelle des émotions vous sont proposées sur le site http://www.loi-d-attraction.com/idees

Focalisation : *concentration de l'attention sur quelque chose de spécifique.*

Il s'agit de placer le « projecteur » de votre attention sur cette chose que vous voulez amplifier grâce à l'effet de loupe de la loi d'attraction. Cette focalisation est essentielle à l'obtention de votre désir réalisé. Elle vous rend aussi plus performant et aligné.

Intelligence ultime : *capacité illimitée à comprendre ; intelligence de la source.*

Voici un extrait éclairant de la page 26 :

« Tant que nous croyons que nous agissons par nous-mêmes, nous sommes petits et limités. Nous n'avons pas énormément de latitude parce que le mental agit en fonction de ses peurs et de ses croyances. Il est donc limité. Tandis que si nous nous laissons traverser par l'intelligence spirituelle et que nous nous reconnectons à elle, elle peut travailler à travers nous et faire des choses plus importantes. Et utiliser l'intelligence ultime. »

Pouvoir de création : *capacité innée de chaque individu sur la planète, de créer précisément ce qu'il désire voir se manifester dans sa vie.*

Valeur : *ce par quoi quelqu'un est digne d'estime sur le plan moral, intellectuel, professionnel, etc. ; importance attachée subjectivement à quelque chose.*

Nous avons tous quelque chose à apporter au monde. Notre valeur personnelle est un joyau que nous devons reconnaître, apprécier et entretenir.

Vibration : *mouvement d'oscillation rapide (surtout pluriel). Les vibrations d'une corde. Modulation d'un son, d'un timbre : vibration de la voix.*

En tant qu'entité vivante, nous émettons tous un son et une fréquence, ou plutôt une gamme de fréquences, qui reflètent notre vibration dominante. En visualisant ce que nous désirons, nous activons la vibration de ce désir dans notre vibration dominante, et nous attirons ce désir grâce à la loi de l'attraction.

Vibration d'amour : *vibration de base de l'Univers et vibration la plus haute sur l'échelle des émotions humaines.*

Vibration dominante : *gamme de fréquences que tout être vivant émet. La vibration dominante reflète les émotions dominantes de l'être.*

Nous émettons une vibration qui découle de nos émotions et repose le plus souvent sur notre réaction inconsciente aux circonstances extérieures auxquelles nous nous trouvons confrontés. Ce qui explique que cette vibration dominante est irrégulière et chaotique. En tous les cas, tant que nous ne maîtrisons pas nos réactions et nos émotions.

Heureusement, à tout moment, nous pouvons choisir de déterminer délibérément le type de vibration que nous voulons voir prédominer en nous. C'est ainsi que nous redevenons maîtres de nos pensées, de nos émotions et de nos actes. Et que nous redevenons maîtres créateurs de notre vie.

Source : *source originelle qui imprègne tout et traverse tout.*
Synonymes : l'Univers ou l'esprit.

Spirale d'expansion : *spirale d'évolution expansive, à la base même du développement de l'Univers, et dès lors, du développement de tout composant de l'Univers.*

Voici un extrait éclairant de la page 12 :

« La spirale d'expansion est l'idée principale que j'ai développée pour expliquer comment, en tant qu'êtres humains, nous expérimentons tous cycliquement différents niveaux de changement et phases de transition. J'ai remarqué que, à chaque nouveau niveau de conscience et de succès, nous avons tendance à vivre un moment de vulnérabilité, car nous nous sentons poussés à sauter du connu vers l'inconnu. Quittant une plate-forme de conscience – en sachant où nous sommes et qui nous sommes, en tant qu'experts dans notre domaine –, nous sentons soudain l'impulsion qui nous incite à avancer, et c'est là que nous redevenons étudiants, sur le chemin qui nous conduit vers notre sommet. Le sommet étant le nouveau désir que nous voulons satisfaire ou le nouveau rêve que nous voulons voir se réaliser. Je crois que ces phases de transition sont les vortex ou tourbillons au sein desquels nous grandissons et nous développons le plus. C'est ce que notre société vit aujourd'hui : une nouvelle phase de transition d'anciens points de vue, schémas de pensée et actions vers de nouveaux, plus étendus, plus aimants et plus vrais. »

DE LA MÊME AUTRICE

Aux éditions Le Dauphin Blanc

Un secret à leur portée, guide parental pour expliquer la loi de l'attraction aux enfants, 2009.

L'odyssée de la prospérité. Découvrez comment créer votre vie idéale et réaliser tous vos rêves, 2008.

Manuel pratique du secret de la loi d'attraction. Manuel pratique pour changer sa vie en 30 jours, 2008.

Le secret de la loi d'attraction. Comment créer délibérément sa vie en 30 jours, 2007.

Aux éditions Lanore

Les Lois du bien-être. Découvrez comment vous harmoniser avec les lois de l'Univers et jouer la symphonie du bien-être continu, 2011.

Aux éditions de la Loi d'attraction
(http://www.lulu.com/spotlight/abondance)

Le Manuel de l'Abondance. Comment attirer délibérément l'abondance dans votre vie et créer la vie de vos rêves aisément et facilement ? 2008. (Disponible également en livre électronique.)

sur Kindle et Amazon

Entreprendre avec Succès - Attirez l'argent en affirmant votre valeur. 2016.

Faites la paix avec l'argent : Rayonnez plus l'Amour et recevez plus d'Argent. 2018

Romans
(https://loi-d-attraction.com)

Avec ou sans toi, 2009. (Disponible également en livre électronique.)

Le Palais des illusions, 2011. (Disponible également en livre électronique.)

Les Aventures d'Annabelle Richard - Le Mystère de l'Île d'Oahu, 2013.

20 petites histoires sages pour adultes pas sages, 2019.

Série pour enfants
(https://www.lulu.com/spotlight/abondance)

La quête de Sam Kukaï – I. Le Gardien de la sagesse, 2008. (Disponible également en livre électronique.)

La quête de Sam Kukaï – II. L'Épée de vérité, 2010. (Disponible également en livre électronique.)

La quête de Sam Kukaï – III. Morpheus, 2018. (Disponible également en livre électronique.)

Livres traduits par Marcelle della Faille
aux éditions Le Dauphin Blanc

La Science du mental. Traduction de *The Science of Mind*, d'Ernest S. Holmes, 2013.

La Science de la santé. Traduction de *The Science of Being Well*, de Wallace D. Wattles, 2013.

Votre pouvoir personnel. Traduction de *The Personal Power Course*, de Wallace D. Wattles, 2012.

Les Secrets sans âge. Traduction de *The Secret of the Ages*, de Robert Collier, 2011.

La Science du succès. Traduction de *Making of The Man Who Can* (intitulé ensuite *How to Promote Yourself*), de Wallace D. Wattles, 2010.

Développer sa personnalité par le pouvoir de la pensée. Traduction de

Character Building Thought Power, de Ralph Waldo Trine, 2009.

La Cause et l'effet. Traduction de *Cause and Effect*, de Charles F. Haanel, 2009.

Votre pouvoir invisible. Traduction de *Your Invisible Power*, de Geneviève Behrend, 2008.

La Science de la grandeur. Traduction de *The Science of Being Great*, de Wallace D. Wattles, 2007.

La Clé de la maîtrise. Traduction de *The Master Key System*, de Charles F. Haanel, 2007.

La Science de l'enrichissement. Traduction de *The Science of Getting Rich*, de Wallace D. Wattles, 2006.

À propos de l'autrice

Marcelle della Faille, souvent dénommée « La Reine de l'Attraction », est Auteure, Mentor, Formatrice et Maître-Coach, Experte en Loi d'Attraction, et son le premier livre 'Le Secret de la Loi d'Attraction' est vite devenu un best-seller. Ses autres livres, dont « Le Manuel Pratique du Secret de la Loi d'Attraction », « L'Odyssée de la Prospérité », etc., édités au Dauphin Blanc (Québec), offrent de précieux enseignements sur l'application pratique des principes universels de l'attraction et de l'alignement dans la vie personnelle et professionnelle de ses dizaines de milliers de lecteurs.

Son livre « Entreprendre avec Succès : Attirez l'argent en affirmant votre VALEUR », publié sur Kindle et Amazon, il vous permettra d'emprunter la voie de 'l'Entreprenariat Spirituel' pour vivre votre vie rêvée et comprendre qu'il est possible d'attirer l'argent tout en affirmant qui vous êtes et en exerçant l'activité que vous adorez. Grâce à son tout nouveau livre « Faites la paix avec l'argent : Rayonnez plus l'Amour et recevez plus d'Argent », également publié sur Kindle et Amazon, l'abondance et le bonheur constitueront les deux piliers de votre vie.

Également traductrice de nombreux livres du mouvement de la Nouvelle Pensée (tel 'La Science de l'Enrichissement, La Science de la Santé, La Science de la Grandeur et La Science du Succès', de Wallace D. Wattles, et 'La Clé de la Maîtrise' et 'La

Cause et l'Effet', de Charles F. Haanel, et 'Le Secret Sans Ages' de Robert Collier), Marcelle est reconnue pour ses écrits et ses programmes de formation qui vous encouragent à développer votre passion en une activité florissante, ce qui fait de Marcelle un Mentor sur laquelle vous pouvez compter pour vous aider à accomplir votre activité rêvée.

Fondatrice des sites loi-d-atttraction.com et aficea.com, Marcelle adore également aider les coaches et les entrepreneur(e)s à utiliser la voie de l'entreprenariat spirituel pour créer la vie qu'ils désirent exactement vivre – selon leurs propres conditions. Elle et ses clients sont des exemples vivants qu'il est possible d'attirer beaucoup d'argent, de faire ce que vous aimez ET d'avoir une vie spirituelle riche et florissante.

Pour joindre Marcelle della Faille :

https://www.loi-d-attraction.com
https://aficea.com
https://loveandmoneyalchemy.com
https://twitter.com/loidattraction
https://be.linkedin.com/in/marcelledellafaille
https://www.facebook.com/la.loidattraction
https://www.instagram.com/marcelle_della_faille/

Printed in Great Britain
by Amazon

45942777R00149